孔子的叮咛

杨朝明 著

山东友谊出版社

序　言

叮咛，就是叮嘱或者告诫。可以说，孔子是一位有资格、有能力叮嘱人们的先哲，孔子的教诲值得世界人聆听。记载孔子遗说的《论语》《孔子家语》等书，是孔子及其以前数千年中华文化、智慧的积淀和凝结，在中国乃至世界上都具有特殊且重要的地位。对于中国人而言，它们代表着“传统文化”；对于外国人而言，它们代表着“中国智慧”或“中国思维”。

在一些外国人眼中，中国是一个古老而陌生的国家。英国作家贡布里希（Ernst H.Gombrich，1909—2001）说，他最初关于中国的概念，至多是通过曾在茶杯或花瓶上见过的几幅图画，想象这里有“神情呆板的长辫子的小个子男人、有弓形桥的富于艺术性的花园以及挂着铃铛的小塔”。

在没有深入细致了解中国以前，他的认识自然是模糊且片面的。现在，世界上国与国之间、人与人之间的联系便捷得多了,彼此的了解也清晰而全面得多了。贡布里希了解到，在历史上，中国早已是一个疆域辽阔、人口众多的国家，上有最高统治者“天子”，下有各级地方机构。在这个庞大的国家里，人们使用着“共同的文字”。

贡布里希十分看重中国这种“共同的文字”。他认为，自古以来，庞大的中国之所以得到很好的维系而没有“崩溃”，与中国人拥有汉字这种“共同的东西”密不可分。他说，中国人“写的不是言语，而是事物”，因此，“这种文字人们能读懂，即使说出来的话人们一句也听不懂”。

其实，中国汉字的奇妙，远远不仅表现在象形、指事、会意等字形构造上，而且读音也有意义内涵上的通联，比如，“仁者，人也”“义者，宜也”“礼者，理也”“智者，知也”……仁，就是爱，就是修养，是人之为人所必须具备的；义，就是应当如此，就像人应当行走在大路上那样；礼，就像道理的“理”，就是与天理、人情相呼应，就是理应如此；智，就是明白通达，就是清晰地知晓。与之相类似的还有“道者，导也”“德者，得也”，等等。我们列举“仁”“义”“礼”“智”以及“道”“德”这些字，是因为它们是中国文化的核心概念，以孔子为代表的中国先哲反复论说的正是这些。中国汉字与中国智慧是一体的，先哲们研究社会人心时间久了，才有了这样精到的认知。

贡布里希清晰地看到，在维系中华民族团结与和睦方面起到更重要作用的正是孔子，他称孔子是中华民族的“伟大导师”，庆幸中国人选择了孔子的教导和学说。贡布里希看到的是，“让人们平平安安、和和气气地共同生活在一起”是孔子的目标，而“这个目标他也达到了”。这即是说，孔子遵循他以前数千年的美好传统，试图用自己的学说使人幸福。显而易见，孔子达到了他的目的。

孔子的学说以“人”为中心，思考“人之所以为人”的问题，以达到“自然人”与“社会人”的中和一致。他希望生活在一起的人们遵守应有的规范，使社会处于和谐公正、稳步发展的状态。在孔子之后，中华民族立足于他所确立和阐述的价值观念，创造了辉煌的成就，积淀了深厚的文化底蕴。如果我们用“大历史”矫正“小知识”，就不难认识到孔子教诲的价值和意义。中国文化的发展历程业已彰显了孔子学说的地位，因此，认识儒学、了解中国，我们不能不珍视孔子的叮咛。

孔子长期教书育人，在这个过程中，弟子们随时记录老师的“善言嘉语”，留下了许多珍贵的“孔子遗说”。后来儒学影响越来越大，孔子地位越来越高，孔门后学于是整理这些遗说，从中选择“正实而切事者”，编辑成了《论语》和《孔子家语》。《论语》具有“正实而切事”的特征，是说这些言论靠得住、行得通，《孔子家语》则可以视为《论语》的言论背景，“孔子的叮咛”正蕴含在这些珍贵的材料中。要知道，无论《论语》还是《孔子家语》，它们看起来像是材料的随意汇集，其实，它们都经过了编纂者的用心编排，篇与篇、章与章之间都有内在的逻辑联系。《论语》和《孔子家语》的字里行间都蕴含着孔子对人们的教诲与叮咛，饱含着他对于社会与人生的深切关怀和深入思考。

读孔子的教诲，必须用“心”。只有仔细品读，才能慢慢“品味”出其中关于人生的“品位”来。孔子的这些教诲其实是“生命面向生活”的思考，孔子想告诉人们，面对生活的各种状态，每个生命都应该有理性的认知，只有这样才能去自觉信奉、遵循人类共有的道德价值，从而活出生命的精彩!

近代中国曾经历了巨大的社会震荡，因此我们在进行文化反思时，有很长一段时间不能摆脱恐慌心态，反映在学术上，就是不能正确评估我们古代文明的发展程度，对孔子及儒学的认识难免有表面化倾向与偏差。当我们逐渐走出迷茫之后，孔子及儒学的价值便凸显出来。或许有人认为孔子“只有一些善良的、老练的、道德的教训”，或许有人认为他提出的为人处世的方法很简单，但是其“不简单”正隐含在

"简单"背后。正如贡布里希所说,"也许你不会马上就喜欢它,但是其中却蕴含着比人们第一眼所看到的更多的智慧"。

有人说"新文化"最大的问题是貌似让人变聪明了,其实让人变得什么也不信了,于是,人们心中缺少了"信"的力量。不过,我相信,如果有孔子的叮咛相伴,我们生命中前行的脚步会更稳、更扎实!

目 录

人生有信念，执守不改变

当我们走入生活，迈出人生脚步时，许多人却困惑起来。我们会追问人生的意义是什么，应该如何度过一生。这时，我们不妨打开《论语》，向孔子请教。《论语》开篇就有孔子指示的方向，那就是——人生有信念，执守不改变。

《论语》为语录体著作，其中的许多言论缺少话语背景，人们理解起来往往产生分歧，《论语》开篇一章就是如此。“学而时习之，不亦说乎？有朋自远方来，不亦乐乎？人不知而不愠，不亦君子乎？”这几句话几乎人人耳熟能详，但我们认为传统的理解值得商榷。

传统上认为这三个分句说的分别是关于学习、交友、胸怀的问题。若这样理解，会产生一个疑问：考察《论语》全书，我们可以发现不论哪一篇的哪一章，不论其字数是多还是少，大多都在集中论说一个主题，可为什么《论语》首章的主题偏偏显得散乱而不集中呢？

《论语》所收录的孔子言论，都是孔子应答弟子及同时代人的言语，属于弟子“接闻于夫子之语”，是弟子们从孔子那里听来的。当时弟子们各有所记，孔子去世后，他们相与“辑而论纂”而成《论语》。

以往，不少人认为《论语》中的语录只是随意堆砌而成，各篇、各章之间没有联系。那么，我们要问，《论语》是谁编辑而成？《论语》编者为什么要编辑孔子言论？这些“善言法语”难道没有任何顺序？

理解《论语》首篇首章，关键在于其中的第一句，即“学而时习之”。传统上认为这一句是讲学习方法，认为“学”即学习，“时”为时时、常常，“习”为复习、演习，全句意思是学习了知识而能常常复习、实践。然而，我们仔细分析全章三句，对照孔子一生的活动，参考《论语》中有关学习方法的论述，可以发现似乎这里并不是讲什么“学习方法”，而是概括了学习者可能碰到的三种不同境遇，勉励学习者应当有正确的信念，并且坚守固执，至诚不变。

我们认为，这里的“学”应当不是动词，而是名词，指的是孔子的学说或者道；“时”不应解作时常或按时，而应解作时代，也可引申为社会；“习”不应作温习讲，而应作实践、采用讲。下面的两句与之相应，第二句中的“有朋”其实通“友朋”，就是朋友，指的是志同道合的人。这样，在《论语》

首章，孔子表达的是这样的思想：如果我的学说（或信念）被时代（或社会）接受而得以实践，那不就太令人感到喜悦了吗？退一步说，如果时代没采用，可有人能够理解我的这个信念与追求，赞同我的学说，或者从远方来与我一同讨论问题，不也很快乐吗？再退一步说，我的学说不但没有在社会上实行，甚至没有人能够理解，我也能坦然面对，不愠不恼，依然坚守信念，不也是一位君子吗？

这里的“学”内涵十分丰富，包括了诸如志道据德、循礼守仁等很多意蕴。这样的理解，前人早有指出。例如，清初毛奇龄的《四书改错》中说“学者，道术之总名”，程树德的《论语集释》中也说“‘学’字系名辞”。前些年还有学者专门撰文研究这一问题，可惜没有引起人们应有的注意。

《论语》中有“士志于道”的句子，也有“志于学”的说法，“道”与“学”当同为名词。“学”做名词，指学说，这种解释前后连贯，而且在首篇首章开宗明义，也与孔子思想完全一致。

孔子特别强调“志”。他曾说自己十五岁就“志于学”，他也希望人们“志于道”，立志追求正确的人生价值，并且不因暂时的困顿而动摇和改变。孔子说：“士志于道，而耻恶衣恶食者，未足与议也。”一个人如果专注于生活中的琐事，斤斤于点滴的利益得失，很可能是缺少应有的信念，缺乏积极进取的精神。

人不能没有梦想！我们可以把生命看作一个过程，任何过程都会有它的开始与结束，而那个开始极其重要。信念就像种子，就像一个生命的开始，种子再慢慢生根、发芽，以适合它的方式成长。人尽其性，物尽其用，秉承自然，生活得尽兴、投入、深情、精彩，这样的生命才有意义。所以，我们必须有自己的人生支点——信念，以之为标准，思考怎样度过自己的一生。

立爱自亲始

孔子周游列国回鲁后，常与鲁哀公讨论问题。一日，哀公说：“您对我的教导已很完备了，那么，要做到这些该从哪里开始呢？”孔子说：“立爱自亲始，教民睦也。”他强调，树立仁爱的观念要从孝敬自己的父母亲开始，这是为了教导百姓和睦。难怪孔子这么重视“孝亲”，原来，孔子谈“孝”，并没仅停留在“孝父母”的本身。

假如我们向孔子请教：社会要和谐，最重要的是什么？他一定会说是“人人修身”。如果再问：修身最关键的是什么？他一定会说是“培养爱心”。如果继续追问：培养爱心从哪里着手？他一定会说“从孝亲开始”。

这个“孝”字实在太重要了，它可以说是整个中国伦理大厦的根基！孔子认为，所谓“仁”，就是具有“人”的内涵；具有“人”的内涵，最基本的表现就是孝亲！所以他说：“仁者，人也。亲亲为大。”人而不仁，与禽兽何异！

孝敬父母为什么这么重要？这似乎是不成问题的问题。如果有人问孔子：我为什么要孝敬父母？孔子很可能会掉头就走，因为若提出这样的问题，那这个人已经很难再被称为“人”了。

父母去世后子女要守丧三年，可是，孔子弟子宰我说：“守丧三年时间未免太长了，其实一年时间就足够了。”父母去世后为其守丧，子女自然不是什么事都不做。不过，父母去世，想到父母的养育之恩，子女都会茶不思，饭不想。所以孔子反问：“为父母守丧期间，吃得精细，穿得华美，你心安吗？”没想到，宰我竟然说：“我心安！”

孔子实在无奈，说：“你心安，那你就这么做吧！君子居丧期间，吃美味不香，听音乐不乐，正常起居心不安，所以不那么做。现在你既然觉得心安，那么你就按你想的那样去做吧！”

宰我退了出去。孔子说：“宰我不仁啊！孩子出生后，三年才能脱离父母的怀抱。父母去世后为其守孝三年，是天下一致的礼制。宰我也得到了父母三年的怀抱之爱吗？”

对于“孝”，孔子有很多很深的思考，他回答关于“孝”的问题，也往往显得不厌其烦。“孝”不仅表现在“养”，而且还有“敬”，还涉及诸如传承“父之道”的大问题。所以，人们向孔子问孝，他会从不同的角度进行阐释。例如：

子夏问孝。孔子说："子女经常在父母面前和颜悦色很难。"子夏领悟到：侍奉双亲，需要尽心竭力。

孟懿子问孝。孔子说："不违背礼制。"还曾说："观察一个人，父亲在世时看他的志向，父亲去世后看他的行为。"

孟武伯问孝。孔子说："父母最担心子女的病痛。"能理解到父母对自己身体的担忧，就不会不孝敬了。

曾子对孔子思想体会很深，他说："慎终追远，民德归厚矣。"丧祭之礼之所以重要，也是因为它对于现实的教化意义。

有人简单地理解"孝"，认为"孝"就是供养父母，孔子很不赞同。他明确地说："如果家中养了犬马，同样能够养活它们呀！如果缺少了内心的'敬'，供养父母与饲养犬马还有什么区别呢？"

有人往往将"孝"与所谓"愚孝"简单联系在一起。他们可能不知道，"孝"还有一层很重要的内涵，就是"孝谏"。有一次，子贡问孔子："子从父命，就是孝吗？"孔子认为，父有争子，就像国有争臣。国有了争臣，君主就会少犯错误，就能社稷不危、宗庙不毁；父有争子，就不会陷于无礼。所以，后人说"不孝有三"，排在首位的就是"阿意曲从，陷亲不义"。

儒家重"孝"，不仅为家和，更是为国治、为天下平。

孔子弟子有若认为：一个人若能够孝敬父母，敬重兄长，那么他一般不会冒犯君上；不喜欢冒犯君上却喜欢作乱，更没有这种人。

人有了对父母的爱，才可以推己及人，将自己内在的爱心延展于外，使社会充满爱。人修养自身而具有仁德，做到“亲亲”，才能“不独亲其亲”，才能“泛爱众”。人由“亲亲”逐步外推，进而做到自觉守礼尊君；人由孝悌而守礼、敬上，社会秩序才有保障。

孔子谆谆教导年轻人说：“弟子，入则孝，出则悌，谨而信，泛爱众，而亲仁。”他希望年轻人从孝敬父母开始，培养自己的爱心，从而完善自身，成就文德。

子不远游，游必有方

我曾参加一个培训班，有一次小组讨论时的一个场景颇耐人寻味：当谈到中国传统文化的特征时，一位朋友认为，儒学保守，缺乏进取精神，比如孔子说"父母在，不远游"。有意思的是，他的论述还没结束，另一位朋友的电话响了，于是他拿出手机起身离席，略带歉意却分明美滋滋地微笑着，说是孩子从国外打来的。

"父母在，不远游"这句话的确出自孔子。孔子所要表达的意思很明确，就是父母健在时，子女最好不要出远门。一般说来，最理想的状态就是，子女守候在父母身边，早晚请安，问寒问暖，尽其孝道，双亲大人含饴弄孙，一家人幸福和谐，其乐融融。尤其是父母晚年，特别需要人照顾，如果子女能殷勤侍奉左右，使老人尽享天伦，岂不美哉！

"远游"之"远"乃相对而言。所谓"远"，可能不仅仅在于空间或者时间，更有心灵的因素。孔子时代与当今不同，那时通信交通不便，子女在外，连捎个信儿回家都很困难。试想，如果子女“慆慆不归”时，终日思念、肝肠寸断的难道不是疼爱自己的爹娘吗？子女远离父母，难尽最起码的孝道，恐怕只能徒留“子欲养而亲不待”之类的浩叹。当然，今天通讯便利、交通便捷，子女可以经常打电话问候父母，父母需要照料时子女也能及时来到身边，就可以不用斤斤计较空间距离的远近。孔子所说的“不远游”，基本精神在于为人子女不可不知父母的牵挂，这是一个并不难理解的道理。

尤其不能忽略的是，在提到“父母在，不远游”之后，孔子紧接着还有一句很关键的话，就是“游必有方”。所谓“方”，是指方向、地方或者处所。父母在世，子女尽量不要远游，却不是不可远游。一方面，父母盼儿女平安，儿女盼父母健康；另一方面，父母期待子女成材，子女也希望自己成材。子女理解父母的牵挂，知道自己的义务，就不该脱离父母的视野，应当让父母“知其所之”，不用苦苦挂念和担忧自己去了哪里。孔子的话符合天理人情，不可拘泥解读。

当今社会，如果父母约束子女不离自己左右，子女孝敬父母墨守成规，这不仅落后于时代，也不符合父母、子女任何一方的意愿，更与孔子的本意相乖离。天高任鸟飞，海阔凭鱼跃，子女努力干事创业，广阔天地大有作为，这与子不远游、游必有方的美德并不矛盾，《礼记·曲礼》中也记载说："夫为人子者，出必告，反必面，所游必有常，所习必有业。"子女必须更多地关注、理解、尊重父母包括精神情感在内的多方面需求，并以不断完善自我来宽慰父母。所以，今人应该将"不远游"与"游有方"统一起来。

孔子一贯主张人立身处世要全面发展，他说："立身行道，扬名于后世，以显父母，孝之终也。"又说："夫孝，始于事亲，中于事君，终于立身。"孔子重视子女奉养并孝顺父母，并不意味着片面强调子女终日陪伴父母，与父母一起生活。儿女有成就是父母最大的欣慰，孔子也从不反对一个人为了正当明确的目标而外出奋斗。如果认为孔子主张子女不可离开父母左右，显然不对。

从相关文献看，孔子谈"孝"，常常强调应该从具体事情上去深入思考，强调推己及人。《论语·为政》记载，当孟武伯向孔子请教"孝"的问题时，孔子回答说："父母唯其疾之忧。"在这里，"其"可以指代父母，意思是对于父母，子女最担心的是他们的病痛；"其"也可以指代子女，意思是父母最担心子女的病痛，由此子女知道父母对自己的关怀，从而懂得孝敬父母。

父母精心关怀照料子女，子女应当同样向父母尽孝，孔子常以具体的事情、切身的感受来表达深奥的道理。他说："能近取譬，可谓仁之方也已。"例如，弟子与他讨论关于丧礼的问题，反对父母去世后为其守丧三年，孔子就认为应从“子生三年，然后免于父母之怀”的角度去思考。他认为，联系身边的事物，或者以己之心推及别人之心，将心比心，这是实现仁德的好方法。因此，他注重人的情感世界，注重人内心的真实体验，希望在具体行为中培育善念。

不是吗？子女不论走得多远，一个问候的电话，就能慰藉父母牵挂的心。中国传统文化历来重视孝悌之道，注重培养仁爱精神和敬畏观念。孔子及儒家认为孝悌是做人的根本，孔子说“立爱自亲始”，“立敬自长始”，又说“爱与敬，其政之本与”。这就像《大学》中所说，一家仁，一国兴仁；一家让，一国兴让；一人贪戾，一国作乱。国之根本在于人，人之根本在人性。国民拥有健康的人性，国家才能有健康的社会、健康的文化。孔子谈子不远游、游必有方，也是从爱与敬、从仁德养成的角度出发的。

“色难”与“容易”

子夏向孔子请教“孝”的问题。孔子开口便说出了两个字：色难。意思是和颜悦色最难。紧接着，孔子又说：“有事，弟子服其劳；有酒食，先生馔，曾是以为孝乎？”若有事，由年轻人动手去做；有了酒食，先让年老者食用，难道这就是孝了吗？

千百年来，人们一直在思考如何孝敬父母的问题。能够替父母做事，有好的食物先请他们品尝，这是孝的表现，但这还不够。因为态度最重要，也最难，所以孔子才说“色难”。难就难在子女对待父母的容色上，因为容色是情感的表露。正如子游问孝时孔子所强调的“敬”：“今之孝者，是谓能养；至于犬马，皆能有养。不敬，何以别乎？”很多人把孝理解成赡养，可是人对动物牲畜也都能够饲养呀。如果没有发自内心的恭敬，那这两者还有什么区别呢？“有酒食，先生馔”之类，是“养”的层面；和颜悦色，则是“敬”的层面。

孔子以“色难”说孝，真是说到了关键处！“色”，意思是“所见到的”，在子女对父母的态度上，和颜悦色恐怕是父母最需要的。即使每月给父母大把的钱，却不去体贴、关心，甚至指指点点，不敬不礼，这也不是孝。有的老人也许并不缺钱，他们缺少的是温馨的氛围，缺少的是子女的关怀与敬重。

据传，一次乾隆皇帝读书时，突然抬头对纪晓岚说：如果以“色难”做上联，想对好下联很不容易。纪晓岚不假思索，说下联就对“容易”。乾隆细细品味，连连称妙。其实，早在明代，成祖朱棣与解缙就对过此联。明成祖叹曰：“想以‘色难’为上联，对一下联，很难。”解缙应口而答：“容易。”过了一阵子，成祖问：“爱卿不是说容易吗？怎么现在还没对上？”解缙说：“臣已经对上了呀，方才所说‘容易’二字，便是下联。”

以“容易”对“色难”确实巧妙。《论语》中有“有容色”一句，“容”与“色”往往连言，但二者又有区别。容，有打扮、装饰之意。如《论语》中说“居不容”，《战国策》中有“女为悦己者容”，其中“容”都有整理、修饰、化妆之意。“色”则一般指表现出来的脸色。如“色作”就是作色、改变脸色；“色勃”就是骤然变色、发怒的样子；“色动”就是脸色改变。有一个成语叫作“室怒市色”，指在家里受气，却到外边迁怒于人。可见“色”是情绪发自内心而呈现于外。

也许因为“容”并不难，人们才可以“美容”。适度“美容”是必要的，薄施粉黛，是自尊的美。然而，有了真，才有善与美。源自真的善与美，才是最可贵的。在这样的意义上去理解“容易”与“色难”可能才更深刻，就是说，和颜悦色需要内在的素养，因为真正的尊敬、尊重和理解不是“容”出来的，它连接着对生命意义的思索。

要让世界充满爱，就需要社会管理者、引领者的切实培育与倡导，光大爱与敬的情感。在《论语》中，“色难”这一章的前后都是在讲子女对于父母的孝，讲关于孝的精神与实质。孝亲之爱是最基本的人类情感，其他的情感是这个爱的放大，孔子十分重视在这样的维度上去培育爱，所以他说“立爱自亲始”。没有“亲亲”之爱，社会公德、职业道德之类可能就没有了根基。《为政》讲“孝”，也在于让人推广这种爱的精神，这正是孔子及儒家仁政德治思想的核心所在。孔子引《尚书》说：“‘孝乎惟孝，友于兄弟，施于有政。’是亦为政，奚其为为政？”真正的“孝”与“敬”不是说在口中，而是发自内心里，落在行动中。可见，从“色难”这一章在《论语》中的位置来看，也能发现其耐人寻味的绵长意蕴。

胡适曾说：“世间最可厌恶的事莫如一张生气的脸，世间最下流的事莫如把生气的脸摆给旁人看，这比打骂还难受。”这张生气的脸更不应该甩给父母看。待人和颜悦色，不仅是美德，更是教养。有句话说得好：对父母和颜悦色是孝，对爱人和颜悦色是爱，对陌生人和颜悦色是礼。甜蜜、快乐、和谐的生活，其实都是从和颜悦色开始的。

"人道之重"爱与敬

人被视为万物之灵，人们共同生活在天地之间，最不可或缺的是什么呢？或者说，人类依靠什么才能让彼此之间更加安定和谐，才能更幸福美好地生活在一起？历来都有人在思考这一社会的根本问题。孔子自然也有他自己的思考，基于对世道人心的深切体察，他认为最紧要的其实就两个字——"爱"与"敬"。

一次，鲁哀公向孔子请教"人道孰为大"的问题，孔子似乎感到意外。也许是孔子思考"人道"问题很久了，也许是他一直期待着有清明的君主与他一起探讨这个问题，所以，孔子表现得又有一些激动。作为鲁国的一国之君，哀公能询问这样深入的问题，孔子"愀然作色"，神情变得严肃起来。他对哀公说：您能谈到这个问题，真是鲁国百姓的福惠了，我非常愿意把自己的想法向您详细禀报。

哀公问到了关键处，孔子的回答也发人深省。孔子认为，人道最重要的是“政”。“政”不就是“正”吗？不就是由君主之“正”引导天下之“正”吗？如果老百姓都能做到“正”，天下也就和谐安宁了。可见君主的作为特别重要，君主是百姓学习的对象。君主如果不能“正”，百姓跟从君主学习什么呢？那么，君主怎样做到“正”呢？孔子说了九个字：夫妇别、男女亲、君臣信。孔子认为，此三者“正”，其他众多的事物也就随之而“正”。

为什么“夫妇别、男女亲、君臣信”如此关键？如果留心，我们会发现一个有意思的问题，就是《孔子家语》中孔子所说的“男女亲”，在《礼记》中被改成了“父子亲”。孰是孰非？哪个更恰当？其实，孔子是以大婚为例来谈论这个问题的。“男女”是从人的自然属性而言，“夫妇”是从人的社会属性着眼。“夫妇别”谈“敬”，“男女亲”说“爱”。在此基础上，君臣有信，上行下效，影响及于百姓，“爱”与“敬”便传导至整个社会之中。

孔子这一思想的逻辑很严谨。古人治政，有仁德、有爱心最为重要；有仁德，有爱心，却必须遵守礼制；遵守礼制，必须有庄敬的态度；最高的庄敬，表现在天子、诸侯等君主的婚姻中。天子、诸侯娶亲时，身穿礼服亲自迎接，是为了对新妇表示庄敬。庄敬则是为了表示亲情，放弃庄敬就是遗弃亲情，如果没有亲情、没有庄敬，哪里还有什么尊重？可见，“爱”与“敬”的内涵关涉极大。

婚姻是人伦之本，君主是百姓的表率，君主婚姻中赋予“爱”与“敬”的意义，是治理政事的根本。《管子·牧民》中说：“道民之门，在上之所先。召民之路，在上之所好恶。”引导下属和百姓走什么门路，君主的好恶很关键。夫妇关系乃人道之大伦，为人君者不能不慎。《易传》中说：“有男女然后有夫妇，有夫妇然后有父子，有父子然后有君臣，有君臣然后有上下，有上下然后礼仪有所错（措）。”夫妇之道联结人伦、关涉政治，难怪“三代明王必敬妻子”！

中国历史上，人们都强调夫妇婚姻为“人道大伦”。从婚姻的角度，有“男女亲”才有“父子亲”，婚姻中“爱”与“敬”的深层意义，牢牢奠定了社会人伦大道的基础，有爱有敬，才能君仁臣忠、父慈子孝、夫义妇听、长惠幼顺，故汉代人说：“夫妇正则父子亲，人伦定矣”，还说“夫妇，人伦大纲，夭寿之萌也”，“夫妇之道，参配阴阳，通达神明，信天地之弘义，人伦之大节也。是以礼贵男女之际，诗著《关雎》之义”。原来，古代教育的实质，其实就是关于爱与敬的教育。

这样，孔子说“爱与敬，其政之本”意义就很清楚了。孔子是说为政者要正人，要使社会“归于正”，让人心“思无邪”，就不能没有“爱”和“敬”，二者相辅相成，有机统一。

如果将孔子斯言简单地理解为执政者要爱戴人民、尊敬人民，其实是把孔子思想简单化了，也把孔子思想的价值降低了。

中国儒家极重“孝悌”，恰如孔子所说“立爱自亲始”“立敬自长始”。三国时期的魏国人刘劭认为《孝经》“以爱为至德，以敬为要道”，在《人物志》中说“人道之极，莫过爱敬”，说明他把握了孔子及儒家学说的精髓。

“孔子的叮咛”之六

这个字，值得一生遵行

孔子教导弟子要修文德，立忠信，弟子们自然都希望能精准理解，把握要点。子贡是一位头脑清晰、干净利落的人，有一天，他请教孔子：“老师，有没有这样一个字，可以终身实践和奉行呢？”孔子说：“如果要一个字的话，那大概就是‘恕’吧。”

一个“恕”字，值得一生遵行！这个字何以如此重要？

其实，“恕”字还真的非常奇妙！它可以说就是孔子修身学说的精髓与根本所在。

“恕”常与“忠”连在一起，“忠恕”可以用来概括孔子学说。一天，孔子与曾参等人在一起。孔子说：“曾参呀，我的所有学问可以用‘一’贯通起来。”曾子很理解，顺口应承说：“是。”孔子说完话就出去了，其他弟子问曾子：“这是什么意思呢？”曾子说：“夫子的学问，只不过是‘忠恕’而已。”

孔子说的“一”，曾子概括为“忠恕”。孔子学说博大精深，他所说的“一”可不简单！他认为世界的原初状态是“太一”，现实世界是由“太一”化生而来，用孔子的话说，就是“分而为天地，转而为阴阳，变而为四时，列而为鬼神”。《易传》中则说，“有天地然后有万物”，有万物然后有男女、夫妇、父子、君臣、上下，然后“礼仪有所错”。处理现实世界中这一对又一对的关系，就必须有一个“一”的思维。

孔子说“一”，又说“太一”，其实他是在谈论天下之“达道”的根源。“达道”就是“大道”，按照《中庸》所说，天下的“达道”无非就是君臣、父子、夫妻、兄弟、朋友之道，就是天下最基本的人伦关系。按曾子的提示，处理这些两两相对的关系时，就要尽力做到“忠恕”，换句话说，就是把每一对关系都进行“一体”的思考，即作为“整体”进行思考。做到“忠恕”，就能处理好各种关系，这便是那个贯通孔子之道的“一”了。

说到这里，我们很容易想到老子也说“道生一”，格外强调“得一”，强调“营魄抱一”。他所说的“反者，道之动；弱者，道之用”，应该也是为人处世的方式。

曾子不愧是孔子的优秀弟子，他对孔子思想的理解很准确，因为孔子所倡导的就是在“修己”的基础上“推己”。孔子之道无非就是“忠恕之道”。他将“忠”与“恕”分开说，“忠”是修养自身，“恕”是推己及人。就二者的关系说，“忠”是人们修身的基础与根本，“恕”是为人处世的境界和要点。

子贡曾说：“我不愿别人把不义的事情强加于我，我也不想把不义的事情强加到别人身上。”子贡与孔子常常朝夕相处，感情很深。孔子直截了当地对子贡说：“赐呀，这不是你所能做到的。”

孔子之所以这样说，是因为他觉得要真正做到“恕”是不容易的。孔子曾对子路说，修己以便使自己庄重恭敬，修己以安顿百姓，进而修己以安顿天下。要踏踏实实做到“修己以安百姓”，恐怕连尧、舜这样的圣人也会担心自己做不到呢！

在孔子看来，一个人若真正做到了“忠恕”，他距离“道”就很近了。“己所不欲，勿施于人”，可以看作孔子对“恕”的解释。可是，就是这样一个看起来很简单的道理，看起来人人可为的事情，恰恰需要人们付出极大的努力。比如，我们人人都不难做到“亲亲”，也就是做到孝敬父母，但未必真的能将这种爱心放大。因为一个简单的逻辑是，人只有“亲亲”，才能“不独亲其亲”，才能“老吾老以及人之老”，才能“泛爱众”，才能让世界充满爱！

于是，我们理解了，为什么在《孔子家语》里面有一篇

《三恕》，为什么孔子把“恕”道称为“君子之道”。正因为“恕”是修身的方式，孔子才一再特别加以强调。“恕”就是《大学》里所说的“絜矩之道”，就是在处理各种人际关系时推己及人、换位思考。我们如果真正做到“恕”，勉力而行，言行一致，就不难修养成为敦厚的君子。

"孔子的叮咛"之七

以忠信出，以忠信入

孔子师徒从卫国返回鲁国，有一天，路过大河时，他们在桥上停车观赏风景。只见河上瀑布高达三十仞，旋转回流的水达九十里长，鱼鳖不能游动，鳄鱼不能停留，可谓十分凶险。

这时，他们却意外看见一位壮年男子要从那里泅渡过河。孔子赶忙派人去河岸边加以阻止。谁知那名男子不以为然，坚持泅渡，竟然成功地游了出来。

孔子觉得奇怪，问他："您是有什么特别的技巧吗？或者有什么高明的道术吗？不然，您怎么能在如此湍急的水流中安全出没呢？"

那名男子自信地说："始吾之入也，先以忠信；及吾之出也，又从以忠信。忠信措吾躯于波流，而吾不敢以用私，所以能入而复出也。"他只是完全遵循水性，顺从水流，没有丝毫的差池，这就像用"忠信"托着身躯，在急水湍流中平稳前进。

这一场景，连以知识渊博、见多识广著称的孔子都感到吃惊。他告诉弟子：“水尚且可以用忠信来亲近，更何况与人打交道呢？”那人练就了一身凫水的本领，不论水流如何湍急、旋腾，他了解其中的规律，掌握顺势而为的技巧，摒除一切私心杂念，尽心竭力而为，才能在水中出入自如。遵从规律，顺势而为，循理而动，遵道而行，不可不尽心竭力，不可偏离规则，为人处世理当如此！

作为社会成员的我们，是否曾经努力寻找一种办法，希望借此无论走到哪里，无论做什么事，都能顺畅通达？如果我们曾这样思考求索，可能就会摆脱平庸，可能就会走向不平凡的境界。

子张曾向孔子请教如何能顺畅通达，孔子给出的答案只有六个字：言忠信，行笃敬。就是说话忠诚守信，行事庄重恭谨。孔子认为，如果做到这些，那么，即使到了文化与我们不同的地区，我们照样可以通行无阻。否则，就是在本乡本土，我们也很难行得通。

那么我们怎样努力做到呢？平时站立着，仿佛看到这几个字显现在眼前；乘车出行时，就好像看到这几个字刻在车辕前的横木上，这样才能使自己时时处处通达。子张觉得老师说得太好了，连忙把这些话写在腰间的大带上。

子张还曾请教如何“崇德辨惑”，孔子说要“主忠信”，认为这是提高品德修养、明辨疑惑的途径。你喜欢一个人，就希望他长寿；厌恶那个人，恨不得他马上死去。但喜欢与厌恶交织，便是迷惑。这对自己没有丝毫好处，倒不如依据忠信，遵循道义行事。

由于对“忠信”有切身理解，孔子才对此十分感慨。子张向孔子请教政事，孔子说：“居之无倦，行之以忠。”在工作岗位上不倦怠，执行政令做到“忠”。“忠”，就像这个字字形本身所显示的，是指心中始终装着“中”，不偏不倚，不“过”亦不能“不及”。“忠信”也是孔子施教与为政的重要内容。他治理鲁国时，“男尚忠信，女尚贞顺”，这是他为政有道的重要标志。

子路治理蒲地三年，孔子经过那里，进入辖境，说：“善哉！仲由恭敬而有诚信。”进入城邑，孔子说：“善哉！仲由忠信而宽厚。”到了子路的官署，孔子说：“善哉！仲由明察而果断。”子贡拉着缰绳，疑惑地问道：“夫子还没有看到仲由怎样施政，就称赞他做得好，他为政好的地方在哪里，可以说来听听吗？”

孔子说：“我已经看到他怎样施政了。进入蒲地境内，我看到田地整治了，荒地开辟了，沟渠深挖了，说明他为政恭敬诚信，百姓才尽力劳作。进入城邑，我看到墙壁房屋很坚固，树木很茂盛，这是因为他忠信宽厚，百姓才毫不懈怠。进入官署，我看到官署内清净闲适，手下人都听从命令，说明他明察果断，当地政治毫不烦乱。”

子路为政，孔子三称其“善”，原因是子路以“忠信”治理蒲地，不仅自己恭敬诚信，还以忠信教化百姓。

长期以来，一提到孔子与“忠信”，人们往往会将其与“竭力倡导愚忠愚信”等量齐观，显然，事实远非如此。在古代，出于对专制政治的宣扬的目的，忠信的概念被偏颇理解，甚至走向了“君叫臣死，臣不得不死”之类的极端。实际上，孔子“忠信”思想与所谓“愚忠愚信”本无瓜葛。这些误读，值得我们好好反省！

做一个“成人”

走近孔子和早期儒家，人们不难发现，在孔子和弟子讨论问题时，师生间曾不止一次地提到一个概念——成人。

何谓“成人”？我们在现代使用这一概念，多是着眼于人的年龄、体能和智能的标准，从而将“成人”理解为成年的人、达到完全发育的人，而较少注意它的道德内涵。其实，在孔子和儒家那里，所谓“成人”，更多的还是指人的道德人格的养成。

一次，子路就这一问题请教孔子，孔子说：“像臧武仲那样有智慧，像孟公绰那样清心寡欲，像卞庄子那样勇猛，像冉求那样多才多艺，然后按照礼乐的要求去行动，应该算是‘成人’了。”又说：“一个人看到财利想到道义，见到危难勇于担当，长期困顿也不忘平生的志向，就可以称他为‘成人’了。”

一次，颜回请教“成人之行”的问题。孔子认为，成人应当通达人类本性的道理，通晓事物变化的规律，了解物象产生的缘故，洞察云气变化的本源。达到了这一境界，然后再施以仁义礼乐教化，这才是成人的德行。

一个人呱呱坠地，来到这个世界，是不是就算“成人”了？当然不是；人长到一定年龄，是不是就算“成人”了？也不能说是！人初生而幼，幼而学，学而长，人的学习与成长，也是社会道德内涵不断扩充的过程。在孔子看来，人除了有自己的自然属性，还必须具有一定的社会属性。人与禽兽的区别，无非就在于人所具有的社会性。人的社会性使人们认识、理解社会，主动适应或引领社会，能够这样做的人，才是真正意义上的“人”，也就是成人。

孔子在与子游谈论礼的问题时认为，人的自然性就是“人情”，“人情”就是人们不学就有的东西，一般指喜、怒、哀、惧、爱、恶、欲这七种情感；人的社会性就是“人义”，“人义”就是人的内涵，指的是父母慈爱、儿女孝敬，兄长温良、弟弟尊敬，丈夫仁义、妻子顺从，长者仁惠、少者顺从，君主宽仁、臣下忠诚。

孔子还说，社会上的人会有种种喜好，比如，食、色，是人最基本的欲望；死亡和贫苦，是人最憎恶的事情。竭力追求想得到的，极力避免所厌恶的，是人的本性。人人藏有一颗心，别人无法揣度。善恶都藏在心中，外表不显露出来，要使其全部表露出来，除了礼，还能用什么办法呢？这个礼，当然就是“人义”。所以，人应当陶冶性情，培养人义，讲信修睦，崇让去争。

在周代，人生八岁而入小学，开始学习洒扫、应对、进退之礼，及礼、乐、射、御、书、数等知识。等到十五岁时，贵族子弟、民之俊秀，都要入大学，教之以穷理、正心、修己、治人之道。这样经过十几年的学习，一个人由少年而成青年，由不谙世事的孩子，长成能够承担社会责任的成年人。最晚自西周时期开始，中国就有了比较完备的成人礼。男子行冠礼，女子行笄礼。一般情况下，士人二十而冠，冠礼的意义在于“弃尔幼志，顺尔成德”，去掉孩子气，将成人的德行固定和充实起来。

孔子收徒授学有一个基本规定，就是年龄要到十五岁。这个年龄的孩子已开始懂事，慢慢理解社会与人生。所以，孩子举行“束脩礼”来求学，他都不会拒绝。到二十岁行冠礼之后，他们便开始享有成年人的权利，开始对家庭和社会尽自己的责任和义务。冠礼是对孩子“成年”的认可，是一个人正式步入成年的标志。

人成为“人”，不仅在于举行过“礼”的仪式，还要自觉以礼来约束自身。人之为人，在于懂得礼义，应穿着得体，行为得当，言辞和顺。人行过冠礼，便应认同“人伦”，形成基本的是非观念，从而获得实践“人义”的基本前提。

看来，孔子强调的还是礼的约束意义，因为这是做人的最起码的品质，就像《左传》中说的：“人之能自曲直以赴礼者，谓之成人。”一个人若仅仅具有某种技能，仅仅具有某方面的素质，而在做人之道上达不到基本要求，那就像现代人通常所说的“有知识没文化”。没有礼的约束，人往往走向偏狭，不仅不能“成人”，而且还会使一些原本可贵的品质走向反面。

祭祀之礼首重敬

你参加过祭祀活动吗？参加过纪念性的礼仪活动吗？在礼仪活动中，有一样东西必不可少，那就是“敬”。特别是在祭祀和追念一类的仪式中，“敬”显得尤为重要。正因如此，孔子才说：“祭如在，祭神如神在。”

礼乐传统是中华文化传统的荦荦大端，在我国博大深厚的礼乐文化中，祭祀之礼是极其重要的内容。祭祀在于涵养心性，在于培养人内心的敬重与敬畏，祭祀之礼缺少了敬，就徒具形式而失去了内涵，就缺少了灵魂。孔子教导弟子说：“祭礼，与其敬不足而礼有余也，不若礼不足而敬有余也。”孔子及儒家强调“敬鬼神”“祭思敬”，都是说的祭祀时“敬”的重要性。

礼可以“决嫌疑”，可以“济变”“弥争”，具有调节社会关系的重要功能。礼有形式和内容两个不同的层面，这就是所谓的礼仪与礼义。孔子强调礼的损益关系，时代变化，礼的形式随之改变，但其内涵是不会改变的。祭祀之礼也是如此，它通过祭祀的仪式来达到“致其敬”的目的，所以“敬”之于祭祀须臾不可离。我们可以设想，在祭祀仪式中，现场笼罩着庄严、庄重、神圣的氛围，祭祀者和仪式参加者置身其中，个人精神得到感染与升华。

祭祀之礼具有特殊的重要性，自周代以来，人们就非常重视“以祀礼教敬”，古人认为，“礼有五经，莫重于祭”；“国之大事，在祀与戎”。这里的“祭”与“祀”就是祭祀。对祭祀如此看重，原因就是“祀礼”可以培养人的敬畏观念，确立人的价值信仰。孔子“施教”，教人“成德”，也要“观之以礼乐”，这是因为他认为庄重的事情要加之以庄严的形式。人之敬来自心灵，人之敬取决于信念与信仰，因而祭祀具有特殊的神圣性。敬是对待事物的一种态度，是指人受感动而产生的恭敬和钦佩之情。孔子强调祭祀之诚意，认为若无慎终追远之诚意，祭祀仪式无论如何规整，也将只是虚文。孔子说“吾不与祭，如不祭”，说的应该就是全身心地投入，不仅“身”在其中，更要“心”在其中，否则就没有祭祀的效果，也失去了祭祀的意义。缺少了敬畏，消解了祭祀的神圣性，人们执于自我而难以投入，祭祀就只空余形式而已。

如何祭祀，如何取得祭祀的效果，着眼点就在祭祀之“义”上。在他生活的那个时代，孔子常常看到徒存形式的礼，所以他感叹说："礼云礼云，玉帛云乎哉！乐云乐云，钟鼓云乎哉！"《荀子》中也说："《诗》曰：'物其指矣，唯其偕矣。'不时宜，不敬文，不欢欣，虽指，非礼也。"说明礼、乐重在其内涵，而不是在所使用的物品的贵重。孔子说："礼，与其奢也，宁俭；丧，与其易也，宁戚。""礼"与"仁"的关系正是如此，祭祀中的"内德"乃是祭祀礼仪的真实意义的根基。孔子的主张很明确，礼绝不仅仅指玉帛之类的礼器，乐也不只是指钟鼓之类的乐器！礼不能只有其"表"，不能"存其仪而失其义"，礼的实质意义在于人们的"内德"。

在孔子的心目中，祭祀应该是庄严、庄重的，祭祀者"斋明盛服，以承祭祀"，全然地投入其中，就好像鬼神在现场一般，这样的祭祀才有效果。《中庸》里记孔子说："鬼神之为德，其盛矣乎！视之而弗见，听之而弗闻，体物而不可遗，使天下之人齐明盛服，以承祭祀。洋洋乎如在其上，如在其左右。《诗》曰：'神之格思，不可度思！矧可射思！'夫微之显，诚之不可掩如此夫。"

科学理性否认鬼神的存在，但"神之格思，不可度思"，精神永存，祭祀的虔诚和诚敬，可以让人思其德、祭神如神在，让参与者在"如在"的氛围中"投入"其中，心灵得到净化、升华与激发，进而放弃猜度，消解自我局限，"敬"就是这样一种祭祀中的最重要的品质。

实际上，这样的“诚敬”与任何的造作都不相容，任何理性的力量都无法强行把“敬”植入其中。从古代到今天，从中国到外国，无论礼以何种形式出现，都离不开一个“敬”，祭祀之礼首重“敬”。

“孔子的叮咛”之十

心有敬畏，去除骄泰

由孔子创立的儒家文化有两项内容最为核心、最为关键：一是仁爱精神，一是敬畏观念。孔子说：“君子有三畏：畏天命，畏大人，畏圣人之言。”所说就是人应当心存敬畏。

仁爱的重要性几乎尽人皆知，要心存敬畏却未必人人了解。人之不知，乃由于难知，孔子尚且说自己“五十而知天命”，人要敬畏天命本就不是可以容易理解的。天命，即天道运行的规律，也指事物的法则、社会人生的规则。大人，指有德有位的人。圣人，则既仁且智，“德合于天地”，“穷万事之终始”。君子与小人对天命、大人、圣人之言的态度不同，小人不懂得天命，因而也不敬畏天命，往往不知道敬重尊贵的人，还轻侮圣人之言。

“畏”也是“敬”，《广雅》曰“畏，敬也”，二字可以互训。皇侃《义疏》曰“心服曰畏”。心服，即心里折服，心里敬服。《大学》曰：“君子有大道，必忠信以得之，骄泰以失之。”人懂敬畏，才能忠信。所谓“天命不可违”，敬畏天命，就会自觉尊重天地法则；“大人”身上凝聚着经验与智慧，敬畏大人，就能循理而动，进退有据；“圣人之言”代表着道德与价值，心存敬畏，就不会迷失自我。人缺乏敬畏，就会骄恣放纵，淫泆不节，从而背离大道。

孔子格外强调“敬”，认为“敬畏”不可离身。子张希望自己走到哪里都能通达，于是向孔子问“行”。孔子说：“言忠信，行笃敬，虽蛮貊之邦，行矣。言不忠信，行不笃敬，虽州里，行乎哉？立，则见其参于前也；在舆，则见其倚于衡也，夫然后行。”人应当时刻将忠信、笃敬装在心中，说话忠诚守信，行事庄重严肃。做到这一点，走到哪里都能顺畅通达。人言之“忠信”、行之“笃敬”，都源于内心深处的“敬”。

孔子及儒家提倡的敬畏观念由来已久。在孔子整理的《尚书》各篇中，处处可见关于“敬”的说法。孔子“崇周”，“敬德保民”是西周时期占支配地位的政治伦理原则。当年，周文王向姜太公请教“至道之言”，以教育当时太子，并“明传之子孙”。太公的回答中，有“敬胜怠则吉，怠胜敬则灭”一语，格外强调“敬”。后来，太公辅佐武王，也特别以同样的话相告诫，武王“惕若恐惧”，以“安乐必敬”“无行可悔”“一反一侧，亦不可以忘”“皇皇惟敬”等为戒书。

《礼记》的开篇就有“毋不敬”三字，这正是对中国礼学精神的高度概括。孔子说：“君子无不敬也，敬身为大。”与这种思想完全一致。“恭敬”一词包含两层意思，一是外在的恭敬之行，一是内在的敬畏之心。“恭在貌，敬在心”，外在的恭敬以内在的敬畏为根基。既然敬由心生，那么敬畏就是由敬重而生发的惶恐、怵惕之感。人类社会生活中，这种惶恐、怵惕的敬畏不可或缺，有了敬畏，才自觉己身微渺而生谦卑心，自觉德业重大而有使命感。人知谦卑而能自尊尊人，知使命方可自弘弘道。《孝经》曰“天地之性人为贵”，万物生灵都一样得天地之气成形、禀天地之道成性，但只有人最为尊贵。人之贵是因为人有“敬”心，可以导出谦、让、谨、勤之德，进入真、诚、和、美之境。对于人之修身，敬之内涵何其丰富！

敬畏是一种心态与修养，更是一种境界和信仰。古人“以祀礼教敬”，中国古代祭祀天地、山川、鬼神的传统，目的在于教化人心，培养敬畏观念。中国关于“敬”的文化内涵丰富，也影响深远。清朝乾隆时期，河南巡抚叶存仁甘于淡泊，毫不苟取。他做官三十余年，离任时，手下部属执意送行话别，但送行的船迟迟不发，叶存仁心里纳闷，等到明月高挂时，来了一叶小舟，原来是部属欲临别赠礼，等至夜里避人耳目。叶存仁知荣辱，讲自爱、自尊、自信，不做有损于自己名誉、形象的事，拒不收受赠礼。人们常说“头顶三尺有神明，不畏人知畏己知”，典故就出自叶存仁。这是敬畏观念在中国历代产生了深刻影响的一个代表或缩影。

当下，面对泛科学主义和伪自由主义的盛行，中国传统的敬畏观念、诚敬理念更有特别的意义与价值。只有敬畏天地自然法则，敬畏个人道德使命，心存对民族文化的“温情与敬意”，才能保持理性与信仰的平衡，才不会敬畏缺失、骄泰泛滥。宋儒说，恭敬者，“聪明睿智皆由此出”。缺少“敬”，“无知而无畏”的荒诞与罪恶就层出不穷；有了“敬”，才会有更多的真、善、美！

远离缺乏仁德者

《论语》中两次记录了孔子的一句话：“无友不如己者”，可见这句话的“正实”与重要。“无”通“毋”，直接从字面上理解，就是“别和不如自己的人交朋友”。难道孔子的交友观就是这样？其实，孔子实际是说不要与缺乏仁德的人为友。

关于“友”，今天我们一般泛泛理解为“朋友”，其实，《说文解字》称“同志为友”，可见“友”本指志趣上的一致、相同，有“志同道合”的意思。关于“如”，《说文解字》说“从随也。从女从口”，清人段玉裁《说文解字注》解释说：“从随，即随从也。随从必以口。从女者，女子从人者也，幼从父兄，嫁从夫，夫死从子。”可见“如”这个字，本义是指去往、随从，引申有“与之为伍”之义。所以，“无友不如己者”是指“不与跟自己志趣不一样的人为伍”。

如果把这句话简单地理解为“不与不如自己的人交友”，

就会出现明显的矛盾。首先，如果每一个人都不去结交不如自己的人，比自己强的人也因为同样的理由不和自己交往，岂不人人都没有朋友了？再者，评价一个人有很多标准，如果把孔子所说的“不如己”直接理解为“不如自己”，那么，具体是指哪方面不如自己呢？如果不弄清楚这一点，这句话就成了一句空话。还有人愤愤不平地认为孔子自己也是矛盾的：他说“三人行，必有我师焉”，与朋友相处，互相学习、互补互助才是正常的，这里怎么又说“无友不如己者”呢？

其实，所谓“自相矛盾”是误读造成的，孔子这句话其实有具体的指向。我们知道，孔子最崇拜的人是周公，他在晚年说：“甚矣吾衰也！久矣吾不复梦见周公！”孔子弟子中，曾子深得孔子思想精髓，因此，以曾子、周公二人的思想学说来印证孔子思想再合适不过了。《吕氏春秋》中恰恰有记载涉及二人，该书引曾子《制言》说：“吾不仁其人，虽独也，吾弗亲也。故周公曰：‘不如我者，吾不与处，损我者也。与吾等，吾不与处，无益我者也。吾所与处者，必贤于我。’”刘宝楠《论语正义》解释说：“由曾子及周公言观之，则不如己者即不仁之人，夫子不欲深斥，故言不如己而已。”朱熹《论语集注》中也说：“友以辅仁，不如己，则无益而有损。”显然，孔子说这句话的本意是让人们远离缺乏仁德的人。

孔子说："主忠信，无友不如己者，过则勿惮改。"这是论述君子自我修养的方式。"主忠信"，就是把忠信坚定地立在自己内心里，孔子强调"忠信"，以之为为人处世的一个重要原则。"过则勿惮改"，是说发现自己的过错就要勇于改正。这与"无友不如己者"讲注重仁德是配合一致的。孔子这些话的意思，是说要树立忠实诚信的品德，不与不具备仁德的人深交，有了错误要果断改正。

值得注意的是，孔子斯言在《论语》中两次出现，不能仅仅简单地以"重出"视之。《论语》全书是一个有机的整体，篇与篇、章与章之间都有内在关联。《论语》首篇《学而》从总体上谈论如何修身做人，这句话出现在首篇，说明这是做人的一个重要原则。这句话又出现在《子罕》篇中，其前后各章都是谈如何"交友"的问题。其前面一章，孔子曰："法语之言，能无从乎？改之为贵。"给自己正言告诫的"法语之言"，可以改正自己的缺点，而只有具有仁德的朋友才可以提出这样的建议。其后面的一章，孔子曰："三军可夺帅也，匹夫不可夺志也。"一个人立志坚定，坚守正确的信仰十分重要，具有信念的人才能把事情做好。这都是从做人的角度说的。

《论语》中也记载了孔子在"交友"问题上对弟子提出的其他忠告，他说："益者三友，损者三友。友直，友谅，友多闻，益矣。友便辟，友善柔，友便佞，损矣。”孔子是在说与哪些人交友使人受益，与哪些人交友使人受害。在他看来，要与正直、诚信、见闻广博的人交友，不要结交那些走邪道、善于伪装、花言巧语的人。而这些都与人的德行密切相关。《礼记·学记》中说：“安其学而亲其师，乐其友而信其道。”拜师交友，以学以道，“道”有“大道”有“小道”，交友不可不慎。因此，我们应当记住孔子的告诫，交友要注重德行。

正其名，安其分，尽其力

齐景公向孔子问政，孔子回答了八个字：君君、臣臣，父父、子子。孔子强调每个人要尽力做好自己，正其名，安其分，尽其力。正因如此，齐景公才表示信服和赞同。

然而，孔子这句话曾被严重误读，认为这是强调君权与父权，以为“君君、臣臣”是主张当官的高高在上，人们应当无条件服从；“父父、子子”是主张子女无条件顺从父母。由此，孔子斯言便成了“封建专制的灵魂”“统治阶级的符咒”“王道三纲的理窟”。西汉以后，专制政治体制日趋成熟，尤其是儒术“独尊”以后，儒学更被认为是“维护和强化封建等级”的政治伦理工具。

“君君、臣臣，父父、子子”，是儒家“正名”主张的简要表述。孔子的理想是“天下为公”，这不是有些人通常理解的所谓“原始共产主义”，而是指人们具备较高的公共意识、良好的社会公德。在社会与家庭生活中，每个人的角色都是复合的，工作中可能兼有下级与上级，具有“君”和“臣”的不同身份；在家庭里又兼有“父”与“子”等的不同身份……每个人都处在君臣、父子、夫妻、兄弟、朋友的各种关系中，处理好这些基本关系是必须的。孔子说：“君臣也，父子也，夫妇也，昆弟也，朋友也，五者，天下之达道。”又说：“父慈、子孝，兄良、弟悌，夫义、妇听，长惠、幼顺，君仁、臣忠，十者谓之人义。”社会关系以“五达道”为主并延伸开来，而处理好这些关系离不开“人义”的十个方面。所谓“天下为公”，就是社会大同与和顺，就是这些关系顺畅和谐。

孔子所说“君君、臣臣，父父、子子”见于《论语》的《颜渊》篇，该篇及随后的《子路》篇都围绕克己、修身以“正名”而展开论述。正名，要求每个人都能修己、克己、省身。作为社会人，我们就要成为合格的“人”，具有一定的素养与内涵，孔子说：“克己复礼为仁。一日克己复礼，天下归仁焉。”他强调“为仁由己”，希望人们遵守礼法，“非礼勿视，非礼勿听，非礼勿言，非礼勿动”，也许只有这样，为人之“义”的问题才能解决。

对社会国家的治理而言，“仁德”的实现关键在为政者，所以孔子的正名思想，首先强调“君君”，希望为政者首先做好自己，做出表率。当季康子问政时，孔子说：“政者，正也。子帅以正，孰敢不正？”又说：“其身正，不令而行；其身不正，虽令不从。”还说：“君子之德风，小人之德草，草上之风，必偃。”君子行为端正，则其德如风，君为善则民善。孔子的“正名”主张是一贯的，定公曾问孔子：“君使臣，臣事君，如之何？”孔子对曰：“君使臣以礼，臣事君以忠。”各种人伦关系都是双向的，作为人伦关系中十分重要的一种，君臣关系中的双方也应各尽其职。

为政之要在于“正名”，孔子的表述非常清楚。子路问孔子为政以何为先，孔子明确回答：“必也正名乎！”他进一步论述说：“名不正则言不顺，言不顺则事不成，事不成则礼乐不兴，礼乐不兴则刑罚不中，刑罚不中则民无所措手足。”可见正名极其重要，它是为政的前提和基础，为政者只有正其名，知其分，才能说话顺当合理，风清气正，取得较好的社会管理效果。对于为政者来说，要正名，必正己，这恰恰是对于“君”的“正名”的要求。

按照“正名”的要求，人“在其位”必“谋其政”，应该勇于担当，按自己的角色定位尽力做好自己。孔子说：“唯器与名，不可以假人，君之所司也。”自己的职责，自己的分内事，不可推卸责任，不能假手于人。孔子进一步解释道：“名以出信，信以守器，器以藏礼，礼以行义，义以生利，利以平民，政之大节也。”所谓“名”，关涉极大，当事人应该心无旁骛，不能玩忽职守。既有其名，必负其责。因此，春秋末期晋国大夫史墨也说："是以为君，慎器与名，不可以假人。"

"正名"思想还包含一层意思，即不可逾越本分，胡乱作为。如果跨越领域与边界，就易造成混乱。孔子说"不在其位，不谋其政"，曾子说"君子思不出其位"，其意正是如此。现在有人从消极的角度理解这句话，认为这是推卸责任，是不思进取，恐怕背离了原文的精神。从礼的功能讲，它本来就是为了"定分止争"，合理的做法自然就是"安分守己"。做大事者要尽职尽责，不可左顾右盼，患得患失；还要遵守礼法制度，不逾越职权，胡乱作为。历史上弄权乱政的人不都是逾越本分、邪念丛生的人吗？

认清“本位”，尽其“本分”

在深入省思发展中存在的问题时，不少人看到了“官本位”思想、官僚主义作风的不良影响，深挖原因时，竟认为是“孔孟儒学惹的祸”。其实孔子所一再强调的，反而是为官者明其“本位”，尽其“本分”。

我们通常所谓的“官本位”，几乎与“官僚主义”是同义词，是一种以官为本、以官为尊、以官为贵的畸形价值观。现实中，这种“官本位”常表现为官员高高在上、独断专行、脱离群众，阿谀奉承、遇事推诿、办事拖拉，贪图享乐、饱食终日、无所用心等。然而，如果将其归咎于“孔孟之道”，把矛头直指孔子等圣贤，却是似是而非、迷茫淆乱的“文化自谴”。翻遍儒家文献，查检所有的孔子遗说，也找不到其与所谓“官本位”或官僚主义有何瓜葛。

从某种意义上讲，儒家学说是一种社会管理学说，尤为关注人的社会性存在。在孔子看来，“天下为公”就是每个人都应有明确的公共意识，尤其是“大人”“君子”要引领社会公德。孔子思想涵盖仁义道德学说与性命祸福之道，可谓包罗天地，无所不载。但就其本质而言，孔子关注最多的恰恰是“大人”“君子”必须辨明、遵循的“位”与“分”。“孔孟之道”强调的正是为官者应明确本位，恪尽职守，安其位而谋其政，这与我们后来通常所谓的“官本位”是截然不同的。

就饱受诟病的“君君、臣臣，父父、子子”来说，这其实是孔子“正名”主张的简要表述。在社会与家庭生活中，每个人的“角色”都是复合的，在工作中，有“君”和“臣”即上、下级的不同身份；在家庭中，有“父”与“子”、“夫”与“妻”的不同身份。因此，每个人都处在君臣、父子、夫妻以及兄弟、朋友等各种关系中，每个人都要处理好这些基本关系。儒家的“正名”观是一种“礼”的文化。礼也者，理也。人的差异性存在是客观的，每个人在政治、社会、家庭中应各有相应的权利和义务。

孔子及儒家认为，社会管理的本质是修己安人。按照“正名”的要求，人“在其位”必“谋其政”，应该勇于担当，按自己的角色定位尽力做好自己。“君君”意味着君要像个君，即为政者首先做好自己，做出表率；“臣臣”意味着臣要像个臣，臣下应当忠于职守。君臣关系、父子关系各有对应，在此为君为父，在彼可能为臣为子，应按照本位、本分尽其责任与义务。自己的职责与分内之事，不容推卸；逾越本分、胡作非为之事，断然不可为。要实现“天下为公”的理想状态，达到社会大同、社会和谐、人心和顺，就必须明确本位，妥善处理好这些关系。

看来，所谓“官本位”必须视情况予以分析，应当理性予以扬弃。庸俗的“官本位”，就是官僚主义，就是没有认清自己“位”之所在，进而混淆、漠视了自己的职分。它不仅与孔子学说、“孔孟之道”毫无关系，而且恰恰是对孔子、孟子等圣贤的一贯主张与苦心教诲的截然背离。将庸俗的“官本位”归咎于“孔孟之道”，本质上是对优秀文化传统的不自知、不自觉，并继而导致了缺乏起码的自我反省之心与自我纠错能力。这样，南辕北辙，指鹿为马，一错再错，思想、行为的混乱和无序就在所难免。

因此，每个人都理应认清自己的“位”，从而尽自己的“分”。真正的“大人”、“君子”、优秀的党员干部更必须勇于与庸俗的“官本位”、官僚主义决裂，进而踏踏实实地安其位、谋其政、尽其分。在大力弘扬优秀传统文化的今天，文化自知、文化自觉、文化自信是题中应有之义，切不可无知、误判，以致厚诬圣贤。党员干部应带头正本清源，脚踏实地，用心学孔孟，学习真孔孟，扬弃“官本位”，践行“官本分”。

“孔子的叮咛”之十四

君子中正不争

说起“不争”，恐怕很多人会马上与“无为”联系起来，以为这是老子或道家的主张。其实，孔子不仅也说“无为”，还常常说到“不争”。无论“无为”还是“不争”，实际都是一种很高的境界。

老子说“无为”很多，但他事实上却是“无为而无不为”，所以不止一次地说“为无为”。例如，“为无为，事无事，味无味”，很明显，他的意思乃是“为之于未有，治之于未乱”。踏踏实实做好该做的事情，最终的成功便水到渠成了。这就像大学生毕业找工作，如果学得好，还怕没工作？你“事”于“无事”之时，别人有事时你就轻松了；品味“无味”就像甘于寂寞，经历过寂寞之后的成功就像甘甜的水果。孔子盛赞舜“无为而治”，那可不是一般的境界！

孔子所言“不争”也是如此。他说“君子无所争”，凡有所争，多为名利；心有礼义，便无所争。儒家强调修己，主张循礼而动。作为“成人”，不论是谁，不论在哪里，都应遵守社会规范，做应该做的事。人的行为有“度”的要求，无论称呼这个“度”叫作“法”，还是将其唤作“礼”，无非都是要中正合宜，不偏不倚。如果大家都以礼为标准规范自己，则争无所争。“乐至则无怨，礼至则不争”，应该就是这个意思。

孔子认为，治人情，修人义，讲信修睦，尚辞让，去争夺，离开了礼就很难做到。前提是要有遵守礼的自觉。制定规则容易，遵守规则很难，否则，规则、法律在那里，为什么还有人不守规矩？为什么还有人违法乱纪？孔子说：“人而不仁，如礼何？人而不仁，如乐何？”人有仁德，彼此关心，推己及人，换位思考，才会去争、礼让，才能“奸谋闭而不兴，盗窃乱贼不作”。

不难看出，孔子说的“不争”乃以修己、克己、反省自己为前提。他说，“君子求诸己，小人求诸人”，君子严格要求自己，小人则常苛求别人。孔子说：“躬自厚而薄责于人，则远怨矣。”多督责自己而少督责别人，就可避免别人的怨恨。责己厚，责人薄，这个方法一定很管用，所以有人说：“礼所揖让何？所以尊人自损也，不争。”孔子提出过许多修身的方法，中心都不离“修己”。比如“君子矜而不争，群而不党”，比如“君子周而不比，小人比而不周”，君子修身的目标是胸襟开阔，心底坦荡，宽以待人，博厚包容。对于孔子不争的主张，曾子分析说："见人之有善若己有之，是夫子之不争也。"孔子见贤思齐，看见别人的善行，就好像自己的优点一样，这样，哪还用得着与人争胜？

孔子有他心目中的儒者的标准，他论述"儒行"时说："儒有居处齐难，其起坐恭敬，言必诚信，行必中正，道涂不争险易之利，冬夏不争阴阳之和，爱其死以有待也，养其身以有为也。"日常起居庄重恭敬，诚信中正，不争平坦之处，不争舒爽之所，爱惜生命，保养身体。为人修养若此，何惧做事不成？

如果从事国家管理，使人不争，就必须为国以礼，为政以德。孔子管理思想的精到之处，在于强调为政者的"正"，强调为政者自身的榜样力量，让"地位高"的人意识到"责任大"，让"尊贵的人"同时也是"高尚的人"。所以他说："善则称人，过则称己，则民不争；善则称人，过则称己，则怨益亡。"只有君子才能造就出君子，境界高了才能"化行若神"。多看他人的长处，多看自己的不足，就会减少争执，去除怨愤。《孝经》中说："先之以敬让，而民不争。"《左传》襄公十三年说："上下有礼而谗慝黜远，由不争也，谓之懿德。"这是"有道之世"的特征，是"君子之治"的效果。

"无为"不是无所作为，"不争"也不是任何事都无所谓。

做事可以比贡献，修养可以比水平，这是“君子之争”，为的是更加平和中正，为的是提升幸福指数。例如孔子说：“君子无所争，必也射乎！揖让而升，下而饮，其争也君子。”君子本来没什么可争的，如果一定要有的话，那就是比赛射箭吧。比赛射箭不是角力斗勇，而是看谁心境平和、适度中正。孔子说：“射有似乎君子，失诸正鹄，反求诸其身。”射而不中，退而反省，这就像一个人的反躬自省。总之，比赛射箭在于敦促射者反身修己，因而双方彼此谦恭礼让，相互尊敬，按胜负饮酒。这样的竞争才是君子之争。

面对财富时怎样取舍

孔子一生经历坎坷，他有为鲁大司寇、俸禄二千石富贵荣耀的时候，也曾有穷困潦倒的时候，因而在面对关于财富的问题时，他有着较一般人更为深切的感受，他的财富观也很通透。

每个人都会面临财富问题，那么，我们该如何取舍？在这个问题上，孔子旗帜鲜明，他说：“富与贵，是人之所欲也，不以其道得之，不处也。”他肯定追求财富是人的天性欲求，同时又强调获取财富要符合道义原则。人人都向往富贵，追求富贵可谓天经地义。孔子自然也不例外，他说如果能够通过努力得到富贵，即使让自己当一名拿着鞭子维持秩序的市场管理员也行。也就是说，只要不违背道义而追求富足，即使做低微的工作也不在意。

一次，孔子师徒周游列国到达卫国时，看到卫国人口众多，弟子冉有求教孔子，询问一个国家人口多了之后该怎么办？孔子回答说："富之。"冉有又问，富裕了之后还应该做什么？孔子回答："教之。"孔子认为，使百姓富裕是执政者的首要任务。他也为此提出各种富民措施，如轻敛薄赋，尽量减少百姓服力役时间等。孔子与弟子有若曾极力劝说鲁哀公，耐心地给他讲道理，说只有百姓富裕了，国家才能富强，国君才能富足。

孔子认为，财富，人人可得，人人应得，但追求财富不能不择手段，如果不是以合于道义的方法获得，什么样的富贵也不能接受，完全可以视之为浮云，与它决然挥手告别。他特别强调"富"应立足于"义"，要做到"见得思义"，"见利思义"，"义然后取"，面对利益的诱惑，要先考虑其是否符合"道义"。国家政治昏暗，而有人既富且贵，这样的富贵值得质疑。孔子倡导以道致富，以义致利，这就是俗话说的"君子爱财，取之有道"，在致富的过程中，诚信、道义最为重要。

如何分配或者消费财富？孔子对此似乎忧心忡忡，他提出了"均无贫"的主张。孔子十分看重财富分配中的公平与公正，他认为，对于统治者来说，他们不用担心财富少，而应担心分配不公。孔子洞悉社会动乱的根源在于财富分配不均，他看到，当时的统治者贪得无厌，利用权力，无端占有大量财富，这样就会带来极大的恶果。例如，季氏"富比周公”，却还到处搜刮，孔子的学生冉求还帮他，于是孔子忍无可忍，甚至号召学生们大张旗鼓地讨伐冉求。

财富分配后，理所当然地就该好好享用财富了。在消费财富这方面，尽管当时人们有各种各样的观点，但孔子仍然立场鲜明地主张“节用”，甚至把这一点提到了治理国家的原则中，认为即使治理一个拥有千乘战车的国家，节约费用、仁爱他人也是极重要的方面。他还倡导人们积极、努力追求精神财富，培养“安贫乐道”的人生观和“富而好礼”的人生境界。

孔子盛赞颜回的安贫乐道，他自己也明确表示：“饭疏食饮水，曲肱而枕之，乐亦在其中矣。”在他看来，即使吃粗粮，喝冷水，枕着胳膊睡觉，也能感觉到快乐。常人看来的苦事，在孔子、颜子却不然，实乃“求仁求义”之人生信念所致。他们不以一己之富贵为念，即使在造次、颠沛之际，也从不攀附阿谀，而能保持心灵的独立。他们时时关切天下、心系众生。孔、颜所“乐”，乃是修己安人之道，其志远大，故不汲汲于口腹之欲。

如果财富不可以求得，怎么办？孔子认为，那就做自己喜欢的事情。这表达了孔子的信念，也是孔子朴实生活的真实写照。孔子周游列国到处碰壁，他没有怨天尤人、低迷消沉，而是积极面对，弟子们身心疲惫，困厄到极点，他依然能等闲视之,弹唱弦歌不衰。孔子看多了社会上的因贫生怨、因怨生恨、因恨起乱之事,认为贫而无谄、贫而无怨是最基本的道德要求。在孔子看来,有理想、有志向的君子,不会“耻恶衣恶食”,不会斤斤于生活中的琐事。

优裕的生活能给追求道义提供更有利的条件,而在追求理想和事业的过程中也可以创造更多的财富,为自己营造更好的生活环境,二者相辅相成。孔子认为,“富而好礼”是一种很高的修为,要知道这个“好”字可不一般,它不仅仅是“富而无骄”,更是提倡人们不只要遵守礼的规范,还要达到仁、义、善的境界,是极高层次的修养。孔子认为,如能做到“博施于民而能济众”,这已经不只是“仁”了,而简直可以说达到了“圣”的境界。

君子藏器于身

人应当怎样立身处世？怎样才能使人生之路更加坚实而宽广？在这个问题上，孔子所说“君子藏器于身”极具启迪意义。

《周易》中说：“公用射隼，于高墉之上，获之无不利。”“公用射隼”，用什么射？孔子解释说，人要射杀飞禽，必有弓矢之器。君子藏器于身，待时而动，怎么会没有收获？可见，具备“器”这个条件十分重要，这就是“成器而动”的道理。

人生在世，要谋生做事，必须有基本的技能。孔子年少时就是如此，他做过管理仓廪的“委吏”，也做过管理畜牧的“乘田”。虽然在那时这些都属于“鄙事”，但孔子做得非常认真、出色。他做“委吏”，能做到收支平衡、账目清晰；他做“乘田”，能使牛羊肥壮，这不仅是“态度”，而且也是“技能”。

一般情况下，人人都应该学习和培养自己的一技之长，人人都应该自食其力，所以《礼记·王制》中说："瘖、聋、跛、躄、断者、侏儒、百工，各以其器食之。"所谓"器"，本义是器皿、器具，这里或有长处、能力之意，也可以引申为"才能"。后人将"藏器于身，待时而动"概括为"藏器俟时"，比喻学好本领，等待施展的时机。

值得重视的是其中的"藏"字。机会不合适，不可强出头，否则就很可能遭到挫败，这是说人要懂得韬光养晦，隐忍待发。它启示人们要具备才能或技艺而不炫耀，而是在必要的时刻施展出来。自己默默无闻的时候，要加强自身道德与才能的修养，机会来到时就可以充分展露自己，就像姜子牙遇姬昌，或者诸葛亮遇刘备。

藏器待时，进退无恒，《周易》的"时中"思想极其重要。孔子说："君子进德修业，欲及时也，故无咎。"在"潜龙勿用"时机未成熟时，要扑下身子充实和提升自己，为的是日后赶上机遇，因为机会总是给有充分准备的人留着；只要有充分的准备，那么时机成熟"见龙在田"时即可果断行动。"藏器于身，待时而动"，说的也是"藏"与"动"的关系，无论"藏"还是"动"，都要看"时"的条件。

不难看出，"藏器于身，待时而动"包含了人生的哲学。"藏器于身"为的是"待时而动"，"待时而动"必须具备"藏器于身”这个前提。“藏器于身”固然重要，“待时而动”也十分关键。人知止而定，思虑周全，有了行动的能力，而后就是对机会的把握。然而，看清机会，看准机会，进而抓住机会行动，这可不是容易的事情，这需要敏锐的眼光、宏阔的视野、高远的境界。的确，要做到“藏器于身，待时而动”，非大智者不能！

把握“时”当然不能轻而易举，难怪《周易》“卦者时也”，吸引了那么多人去研究它的“时”的哲学。“待时而动”那么难，普通人怎么办？其实，人只需要踏实努力，说不定机会就在其中，也许这便是“藏器于身”本来就有的涵义。人择善固执，守一以止，判断力也会随之提高。孔子说得好：“不患无位，患所以立。”人最应该担心的，不是有没有自己的位置，而是自己能干好什么。一个人不断提升自己，通过读书或实践使自己有“器”在身，何愁不能立身？做好了充分的准备，机会不就是给自己留着的吗？

孔子还说过一句话，叫作“君子不器”。“不器”与“藏器”，二者都属于孔子修身之学的范畴。《礼记·学记》中又说“大道不器”，与“君子不器”可以对读，都是说有境界、有格局的人不会仅是一个供人使用的“器皿”，这就是说，处世做人要有正确的是非观念，有正确的价值标准。

人具有谋生的手段和能力，首先要知礼明理，循礼而动。

我们“藏器于身”，这个“器”如何使用，怎样行动，则取决于我们的好恶与判断，取决于我们内心的追求。例如，这个“器”如果是电视机，通过它可以释放正能量，也可能传播错误思想，因此，电视机好坏固然重要，而电视节目的优劣则更为重要。

价值信仰决定人生境界，我们走怎样的人生路，值得认真深入思考。“君子不器”要求我们“志于道”，“立于礼”，重视德行修养，注重人格品质；“藏器于身”则要求我们有能力、有才干，还要无伐善、不夸耀，仁爱中正，把握生命的节奏，这才是人生的大智慧。

有型有范做君子

《论语·里仁》中记有孔子的一句话：“君子怀刑。”这里“刑”与“型”相通，意思是法式、榜样、典范。孔子告诫人们，君子应该有正确的处世原则，有恰当的行为标准，应将道德规范内化于心，有型有范走正道，有模有样做好人。

对孔子这句话，很多人理解起来迷惑不清。孔子的原话是：“君子怀德，小人怀土；君子怀刑，小人怀惠。”有人认为“刑”就是刑罚、法纪，可是，若这样理解的话，这句话中，小人之“怀土”与“怀惠”相应，而君子之“怀德”与“怀刑”怎么却相对了呢？如果说君子要心怀德行很容易理解，而所谓“心怀刑罚”总有些让人费解。要知道，法纪、法度不过是道德的底线，是做人的最低要求而已。

有一天，孔子与鲁哀公讨论识人、选人的问题。孔子认为人可以分为五类：庸人、士人、君子、贤人、圣人。孔子说：“所谓士人者，心有所定，计有所守。虽不能尽道术之本，必有率也；虽不能备百善之美，必有处也。是故知不务多，必审其所知；言不务多，必审其所谓；行不务多，必审其所由。智既知之，言既道之，行既由之，则若性命之形骸之不可易也。富贵不足以益，贫贱不足以损。”他心目中的士人应该知其所务，明其所执；心存慎终之规，口吐训格之言；力行以自定，执守不改变。士人尚且如此，何况君子？

在孔子那个时候，“君子”一词有本义与引申义的区分。“君子”的本义是为政者或贵族男子的统称，它本来是指发号施令的人，后来则指道德高尚的人。这个概念内涵的变化体现了传统政治思想的一个特点，即格外重视为政者自身的表率作用。因为责任大，所以要求高；既然是身份尊贵的人，就该是德行高尚的人。即使是庶人平民，也要修身守礼，领导者更应严于律己。

中国古代国家治理中特别注重“刑百官”，即规范官吏的行为，使他们做万民表率。西周时期有太宰之职，掌管邦国治理中的“六典”。这“六典”分别是治典、教典、礼典、政典、刑典、事典，“刑典”即“以诘邦国，以刑百官，以纠万民”。太宰“刑百官”当然不只是简单地诛罚、惩罚犯法的官吏，而是使他们具有正确的是非、荣辱标准。当他们都心中“怀刑”的时候，教化的目标就实现了。

在《周礼》的职官制度中，太宰地位最高。天官冢宰设卿一人，这就是太宰。太宰位于天子之下、百官之上，不仅管理天官一系，还要将地官司徒、春官宗伯、夏官司马、秋官司寇、冬官司空统起来，合教、礼、政、刑、事而成治，使各得其分。太宰负责的刑典，实际责任与权力很大、很重要，也很关键。“刑”与“型”相通，有典范、榜样的意思，古籍中常见这样的用法，如《大盂鼎铭》中“今我唯即刑宪于文王正德”，《诗经》中“仪式刑文王之典”“刑于寡妻”等。

古代中国进行人心教化，尤其强调对百官的管理，强调为政者的表率作用。对于百官，应当如孔子所说“以礼御其心”，“属之以廉耻之节”，树立法式与标准，这便是“刑百官”的本义。《尚书·周书·蔡仲之命》中说“周公位冢宰，正百工”，《周礼》中说“刑百官”，“刑”与“正”相同，“刑百官”就是“正百官”。“刑”的重点在于目的而不是手段，“刑百官”的内涵至少包括两个层面：第一，从正面为百官树立标准、提供型范；第二，从反面对百官进行救偏补弊、端正行为。就这二者而言，前者显然更为紧要。

《孔子家语·刑政》篇记载孔子的话，有“以政焉导民，以刑禁之，刑不刑也”这样的句子。“刑不刑”中的“不刑”，就是“不符合典则”的意思，而第一个“刑”当然就是“处罚”或者“处治”的意思了。该篇还说“刑，侀也；侀，成也。壹成而不可更，故君子尽心焉”，这里的“刑，侀也”，是对太宰何以“刑百官”最直接的回答。所谓“侀”，与“型”相通，原指铸造器物的模型，引申为定型、完成的意思。

周代对百官奖惩严明，但处罚仍比较慎重。对为政者，重要的在于以礼义统御其心，防止为外物所化。为政者懂是非、知荣辱、明曲直，就实现了“刑百官”的目标，就可以“纠万民”了。对违礼犯法的大夫贵族要特殊处置，如让受死刑者“跪而自裁”，虽不粗暴对待，但仍“不失其罪”，这是为了“愧耻之”，实际是对为政者更高的道德要求，也是为了达到教化的目的。

总之，“君子怀刑”内涵太丰富了！君子之所以为君子，就在于他能明理修身，循道而行，在于他有爱心、有情怀、有担当、求上进，规范与典则刻在了他的内心深处。

“孔子的叮咛”之十八

君子不为酒困

《论语·子罕》中记载了孔子的一句话：“出则事公卿，入则事父兄，丧事不敢不勉，不为酒困，何有于我哉？”在朝廷上尽心服侍公卿，在家尽孝服侍父兄，丧事不敢不尽力，不为酒所困。孔子常说做事勉力、做人尽心、丧事尽礼，而在这里，他竟然将“不为酒困”与这些并提！

如今，人们已逐渐认识到饮酒后驾车的严重危害，但酒驾、醉驾依然禁而不绝，而且虽然法律对此明令禁止，但悲剧仍时有发生。那么，到底还有多少人依然在为酒所困？

历史上，商纣王因沉湎酒色亡国，历朝历代都以此为戒，从而限酒或禁酒，许多有识之士更是清醒认识到沉湎于酒的危害。西周初，周公在分封卫国时，反复告诫康叔，希望他不要因酒误政，周公还专门作了《酒诰》，这可说是最早的“戒酒令”。周公的思想也对鲁国产生了重要影响，鲁国也因此很可能在酿酒时注意要使酒味道清淡，战国时人们还说“鲁酒薄”。

孔子激赏周公，他虽然不反对饮酒，但强调自觉限酒。《论语·乡党》中记载的孔子的话“惟酒无量，不及乱”，为人们所津津乐道。作为殷商后裔，孔子清醒地认识到了醉酒的危害。孔子对待酒的态度，令人们深思。

周代是我国古代礼乐文明的成熟期，祭祀、宴饮等都涉及重要的礼仪。孔子强调以礼乐治国，“百礼之会，非酒不行”，酒为礼设，举行典礼往往要有酒。酒与礼有密切的联系，没有酒，礼好像就缺少了一种存在的形式。有乐而无酒，好像也不能营造欢乐的气氛。

明朝袁宏道的《觞政》中有一段话，强调或突出了孔子在酒文化史上的地位。他说：“凡饮必祭所始，礼也。今祀宣父曰酒圣。‘夫无量不及乱’，觞之祖也，是为饮宗。”这里，袁宏道仅凭这一句话，便把孔子称为“酒圣”“觞之祖”“饮宗”，可谓颇有一些“见解独到”“概括精紧”。

生活中离不开酒，但孔子强调“惟酒无量，不及乱”，饮酒要合乎礼制，并把握好度，根据自己的酒量适当饮用，不至于因醉酒而误事，才符合中道。孔子主张人们要“不为酒困”，就像“出则事公卿，入则事父兄”，以及勉力于应当敬重的事业一样，认为这样才能无所畏惧，有所成就。

孔子倡导适量饮酒，并通过修身自律来禁止醉酒。后世士人以“至圣先师”为榜样，认识到沉溺酒色的危害，他们严格自律，以饮而不醉作为修身的一项内容。如苏轼就说：“饮酒不醉最为高，见色不迷是英豪。”

《诗经》经过了孔子的整理，是作为儒家学习教材的“诗歌集”，全书305篇，涉及酒的就有30篇。例如《小雅》中的《宾之初筵》，通过描写宴饮的场面，讽刺了酒后失仪、失言、失德的种种醉态，提倡“饮酒孔嘉，维其令仪”，反对滥饮。

古代有“尧舜千钟，孔子百觚”的说法，好像“古之圣贤无不能饮”，似乎孔子也是可以喝上一些酒的。当然，孔子的孙子子思曾说“夫子一饮，不能一升”，也许在子思心目中，孔子的酒量并不大。孔子后人孔穿说：“贤圣以道德兼人，未闻以饮食也。”

古人自然没有今人这般酒后驾车危害极大的担忧，他们尚且强调要修身自律，做到饮而不醉，我们今天难道就不能自觉掌控自己？孔子告诫人们饮酒不要“及乱”，要“不为酒困”，君子当勉！

君子无理不动

在中国传统文化中，“君子”代表了一种完美、理想的人格。作为一种修身的标准与境界，“君子”尚不及“贤人”与“圣人”，但“君子”毕竟修养可得，人人可至。人若要达到“君子”的标准，就一定要讲道德、懂法纪、守规矩，和悦平易，彬彬有礼，遵道而行。这就是孔子所说的“君子无理不动”。

孔子强调“理”，是基于它的天然合理性。孔子说：“礼也者，理也。”礼义、礼仪的“礼”，就是道理的“理”。为什么要“无理不动”？说起来这道理很简单，违背法度，为何行动？不合规矩，怎么能做？然而，在日常生活中，真正做到循理而动、无礼不动并不容易。所以，我们看到了许多违法乱纪、作奸犯科的人，看到了许多违背道德、损人利己的事，这样的人和事，与对“君子”的要求相去甚远，甚至大相径庭。

为了使人们知礼、明礼，从而遵礼、守礼，孔子与早期儒家进行了多次论述。孔子说："夫礼必本于太一……所以达天道、顺人情之大窦也。故唯圣人为知礼之不可以已也，故坏国、丧家、亡人，必先去其礼。"孔子论述了礼的起源，论述了礼的价值与意义。《礼记》中也说："凡礼之大体，体天地，法四时，则阴阳，顺人情，故谓之礼。訾之者，是不知礼之所由生也。"礼合乎天地之道，顺乎人情人心，如此说来，知礼明礼是境界，遵礼守礼是道德。有人诋毁礼，无视规则与法度，是不知"礼"的本来意义。无论是邦国、集体，还是家庭、个人，如果不遵礼而行，就会使根本摇动，招致败亡。

中国礼乐文化深深扎根于广袤的文明土壤中，"郁郁乎文哉"的周代礼乐文明代表了当时中华文化的最高水平。作为社会生活中的道德观念、风俗习惯，或者作为符合社会整体利益的行为准则，礼对人的行为具有广泛而深刻的指导意义。人的教育与成长在于使人成为合格的社会人，使人具有健全的人格，如此才称得上"成人"。人们认识到，"人之所以为人者，礼义也"，理解礼的内涵，按照礼的规定行事，是做人的基本要求。所以，有人一针见血地指出："人之能自曲直以赴礼者，谓之成人。"一个人以礼为标准矫正自己的行为，以礼为准则理解是非、荣辱与曲直，这样才算一个

“成人”。

遵礼而动，依理而行，说到底是一个修养问题。孔子说：“人而不仁，如礼何？人而不仁，如乐何？”人人具有遵守礼的自觉，礼的规范才有可能得到落实，才不会只说在口上、写在纸上、贴在墙上。真正的明礼应该知行合一，体现在日常的具体行为中。孟子说“人皆可以为尧、舜”，荀子说“涂(途)之人可以为禹”，只要切实努力修身，即使再普通、再一般的民众，也会有不一样的格局与气象。是的，具体工作就是修炼，普通岗位也是道场，所谓“无理不动”，应该是无论身份与地位、不分时间与空间的。

孔子处在“天下无道”的时代，那个时候，礼坏乐崩，违礼之事层出不穷。正因如此，孔子及早期儒家才充分论述了礼的方方面面。孔子说：“圣人，吾不得而见之矣。得见君子者，斯可矣。”时代发生着急剧的变化，孔子认为已经不可能看到圣人了，能看到君子就可以了，他还是呼唤人们循理而动、依礼行事。孔子又接着说：“善人，吾不得而见之矣。得见有恒者，斯可矣。”他认为自己不可能看到善人了，能见到始终如一保持好的品德的人，也就可以了。虽然难以见到“圣人”“善人”，但能看到“君子”“有恒者”也就可以满足了。而事实却是，孔子看到虚妄浮夸、扭捏作态、弄虚作假者比比皆是。

人们常说“心安理得”这个词语。“得理”才能“安心”，遵礼得理才问心无愧。一次，孔子与弟子谈论“三年之丧”，宰我觉得三年为期太长。孔子问他：“在父母丧期内，吃精细的米饭、穿锦缎制成的衣服，你心安吗？”没想到，宰我却说“心安”。在孔子看来，孩子出生后三年才能脱离父母的怀抱，父母去世后孩子守孝三年乃天经地义。君子居丧，吃美味不香，听音乐不乐，正常起居于心不安，这才是正常的。于是，孔子无奈地说：“你觉得心安，就那么做吧！”凡事扪心自问，问自己“是否心安”，不失为有效的修身方式，这也是“恕”道的要求。人具备了基本修养，凡事做到心安理得，就会达到一种无愧怍、无忮求，心胸坦荡、恬然自适的人生境界。

不难理解，既然“礼”就是“理”，那么，拘泥地对待“礼”就不合理。正如孔子所说，夏商周三代之礼也是不断“损益”的关系，礼的内涵不变，但礼的形式一定随着时代的变化而变化。全面认识博大精深的中国礼乐文化，才能把握其实质，继承其精髓，与时俱进地予以创造性继承、创新性发展。

士不“怀居”，抬头望远

孔子主张因材施教，在教育上多采用引导鼓励的方法。不过，在谈到对“士”的要求时，孔子却多方鞭策，他说“士而怀居，不足以为士矣”，又说“士志于道，而耻恶衣恶食者，未足与议也”。这两个表述，虽然都是“如果”或者“假设”的语境，但态度明确、针对性强。

人生于世，不一定都要追求很高的境界，但总不能浑浑噩噩、庸庸碌碌地活着。人都处在一定的社会关系中，必须考虑自己的“社会性存在”，因此就不能不面对如何待人、怎样处世的问题。在孔子看来，人只要不甘平庸，就该有所追求，这也是人生的意义所在。在孔子生活的时代，士虽为社会管理者的最基层，却是一个积极有为的阶层，是他们不断为社会注入活力。

与官学教育一样，孔子教学其实也是培养士人。士人要明理正心，修己安人，了解世道，关心社会。用今天的表述，

“士人”就是“有文化的人”。“知识”不等于“文化”，有人“有知识”但可能“没文化”。既然是“士人”，就应该有所遵循，用孔子的表述，就是“心有所定，计有所守”。士人未必完全精通治国的原则与根本，也未必具备太多的美德与优点，但他一定知道自己在做什么，为什么要这样做。知识多少不重要，言行多少没关系，但要明白自己知道什么，清楚自己在说什么、干什么。简言之，就是要方向正确，由此执守不改。孔子特别赞赏这种抬头望远的人生态度，认为只有心中有定力，才能“富贵不足以益，贫贱不足以损”。孔子强调士不“怀居”，强调人不能“耻恶衣恶食”，是因为人若只关注眼前的物质生活，就不会往远处看，就难有更坦荡、更博大的情怀。

士人不同于一般的百姓，孔子对士人有更高的期望。孔子还常常说到“君子”这一概念，“士人”与“君子”有同有异，但二者在人生意义的追求上却是一致的。孔子说：“君子怀德，小人怀土；君子怀刑，小人怀惠。”君子与小人明显有别，君子常常反省自身，讲求修德修己，遵守先王礼法、典则；小人整日所思则在于房屋田产，汲汲于名利小惠，甚至不惜违礼乱法。孔子是在勉励人们要不断进德修身。孔子认为，君子、士人当时时以仁、义为本，若将心思放在衣食、利益上，就不能真正向学问道，就不足以成为真正的君子、真正的士。

对普通百姓而言，追求安居乐业无可厚非，甚至天经地义，但作为士人，就应该有所担当，让人们都安居乐业恰恰应是士人的理想与追求。正是在这样的意义上，士人才不能不思进取，留恋家庭生活的安逸，汲汲于日常的衣食与享乐，而应该修道立德，以天下为己任，关注国家命运，参与国家管理，承担社会责任。

怎样才能成为合格的“士人”，成为对社会有用的人？子路与子贡等弟子都曾向孔子请教这一问题。对好勇的子路，孔子说，朋友之间督促勉励，兄弟之间相处和气，就是真正的士了；对能言善辩的子贡，孔子说，做事有明确的是非原则，各项工作都能完成得很好，这就是真正的士。孔子认为，人若没有格局，气量狭小，距离“士人”的要求就远了。

孔子称赞子路，因为他可以将车马、衣裘与朋友共用，穿着破旧的袍子与人在一起也不觉失面子，这在崇尚奢华的社会里实属难能可贵。孔子称赞颜回，因为再大的忧苦也不能改变他求仁向道的乐趣。子张说：“士见危致命，见得思义，祭思敬，丧思哀，其可已矣。”君子在国家危难之际能挺身而出，甚至不惜献出生命，在利益面前衡量是非，祭祀时心怀恭敬，服丧时心存哀思。曾子则说：“士不可以不弘毅，任重而道远。仁以为己任，不亦重乎？死而后已，不亦远乎？”不是“风物长宜放眼量”吗？士人如果能有道义担当，以实现仁道为己任，就放得下眼下，看得见长远，不囿于一隅，心系于家国。

孔子带弟子周游列国，不畏困苦，不畏艰难，不畏颠沛，不畏流离，欲以推行仁学，筹谋天下大治，这不是最好的教学实践吗？孔子告诫弟子士不“怀居”，并不是反对正当的物质生活追求，而是说勿忘士之责任，不应玩物丧志。孔子说：“志士仁人，无求生以害仁，有杀身以成仁。”士人有了这样的心志，就会有对家国之忠、对社会之义、对父母之孝，就一定会本分修己，诚恳待人，踏实做事；有了这般的豪迈，就能抛却一方一隅的安逸，斩断千丝万缕的牵绊，投身于道义的实现。

言不宿诺，不倡游言

上海博物馆藏战国楚竹书中有被定名为《从政》的文献，其中记载了这样的言论：“可言而不可行，君子不言；可行而不可言，君子不行。”据研究，这是子思所记述的孔子之言。这批可靠的出土文献，引发了大家对孔子言行观的思考。孔子主张言出必行，不讲浮夸不实之言，具有深刻的现实意义。

在言与行二者之中，孔子更重视行。上博竹书《从政》篇中的这句话与《礼记》中的相关记载意思一致。《礼记·缁衣》中记孔子说：“大人不倡游言。可言也不可行，君子弗言也；可行也不可言，君子弗行也。则民言不危行，而行不危言矣。”游言，即浮夸、虚浮、华而不实的言论，也就是不真、不实、不信之言。在上位的人要带头不说“游言”，可说而不可做的话不说，可做而不可说的事不做，民众就会言行一致，做好自己该做的事情。孔子还说：“君子寡言而行以成其信，则民不得大其美而小其恶。”为政者少说话而以行动成就自己的信用，民众就不会夸大自己的好处而掩饰自己的毛病。《论语》中还记载孔子说：“古者言之不出，耻躬之不逮也。”古人不轻易许诺，是因为他们以行动不能兑现许诺为耻。孔子又说：“君子耻其言而过其行。”勉励人们重视实际行动，以说得多做得少为耻。

我国有提倡言出必行的优良传统，说到做到，不尚空谈。话说出口，一般就不能再收回，行动才是硬道理，负责才是真本事。孔子欣赏子路“无宿诺”，即称赞子路答应做的事情从来不拖延。曾子说：“不能行而言之，诬也。”认为不能只说不做。子贡在请教关于“君子”的标准时，孔子说：“先行，其言而后从之。”孔子甚至强调先做后说。子贡说“驷不及舌”，意思与《邓析子》中所说“一言而非，驷马不能追；一言而急，驷马不能及”一致。后人把这些话总结为“君子一言，驷马难追”。“言不宿诺”成为中国人的行为标准，历代以来沉淀出许多近义的成语，如一字千钧、一言为定、金口玉言、一言九鼎、一诺千金等。言行一致受人尊敬，言而无信、出尔反尔、信口雌黄则遭人鄙视。

言出必行有一个重要前提，就是其言要“善”。《尚书·无逸》中说：“其惟不言，言乃雍。”这是说不轻易说话，只要一说出来就很恰当和善。《尚书·周官》中说“慎乃出令，令出惟行”，这是以慎言为言出必行的前提，是说执政者应该谨慎发布命令，命令发出就必须彻底实行，所以《逸周书·官人》强调“言不过行，行不过道”。原因其实也很简单，这就如《易传》所记载的孔子之言：“出其言，善则千里之外应之”，“出其言，不善则千里之外违之”。所以，出言之要，在于可从。其言可从，就可施之于用，国家治道就在于此。孔子同样强调为政者慎言，他说：“言出乎身，加乎民，行发乎远，言行君子之枢机，枢机之发，荣辱之主也。言行，君子之所以动天地也，可不慎乎？”对于为政治国而言，一言一行都不可不慎！这就像《老子》中所说“轻诺必寡信”，《墨子》中所说：“政者，口言之，身必行之。”《荀子》中也说：“口能言之，身能行之，国宝也”，治国者应该“敬其宝”。

言出必行，其言要善，而善则体现在合乎“义”。言出必行，不倡游言，这是“信”的要求。中华民族历来讲求“信”，一般情况下，话说出口一定要做到，然而，这个“信”是“大信”，绝不是愚信墨守。孔子强调“慎言”，强调“于其言，无所苟”，与他格外注重的“义”的原则相一致。讲话慎重，不随便马虎，然而，一旦出言有错、言语失当，这时也不可拘泥，不可不知变通。在孔子看来，人如果失言或者说错了话，就要勇于改过，不能苟且。所以，子贡问怎么做才是合格的士人，孔子显然并不赞成任何情况下都一定要“言必信，行必果”，如果过于偏执，其行为就流于“硁硁然小人哉”之类了。孔子弟子有子说“信近于义，言可复也”，孟子的表述更明确：“大人者，言不必信，行不必果，惟义所在。”有子、孟子的说法在内在精神上与孔子思想完全一致。

言行体现着品性，一个人如何规范自己的言行意味着他怎样立身处世。怎样做才能通达无碍？孔子提出了六字方针：言忠信，行笃敬。忠信则不倡游言，笃敬则言不宿诺。如此看来，我们踏实按照孔子的言行观去做，就会处处畅达，“走遍天下都不怕”！

有话好好说

有一天，朋友带孩子来访，刚刚坐定，他开口便问：弘扬传统文化，孩子应该怎么做？看到几个孩子在那儿认真听，我竟一时不知从哪里说起。略略停顿之后，我看到墙上挂着的那幅字：言忠信，行笃敬。于是回答：有话好好说，有事认真做。

有话好好说，看起来并不复杂，其实，这可不是简简单单、轻而易举就能做到的。有一次，孔子弟子子张向老师"问行"，子张想知道，到底应该怎样做才能走到哪儿都能通达。于是孔子告诉了他六个字：言忠信，行笃敬。孔子认为说话忠诚守信十分重要，人应当时刻牢记，有话好好说，将"忠信"装在心中。

说话，看起来是十分自然、十分普通的事情，但仔细想来，却真的关涉重大。说话是人和人交流的基本手段，一个人对他人说话的方式，代表了他对人的态度；对人说话的态度，则代表了他对人的看法。一个人怎样说话，透露着他对世界和人生的看法，反映了他的素质和修养。

在孔子看来，一个人的兴趣和志向，反映出一个人的境界和气象。观察一个人，要看他的追求，看他的心思放在哪里。孔子认为，人可以分为五类：有庸人，有士人，有君子，有贤人，有圣人。在说话和言语的层面上，庸人的特点是“口不吐训格之言”，嘴里说不出很有道理的话。庸人没有明确的人生方向，没有对“道”的自觉遵循，所以就很难说出可以被奉为法度的话语。士人则不同，他们“心有所定，计有所守”，虽然未必精通很多大道理，但一定有所遵循；虽然未必什么事情都能做得尽善尽美，却一定有所执守。所以，“有率”“有处”的士人，“言不务多，必审其所谓”，他们言语不求多说，却一定有理有据。至于“君子”，则“言必忠信而心不怨”。至于“贤人”和“圣人”，当然就是更高的境界了，比如“贤人”，“言足以法于天下”，“道足以化于百姓”。因此，历代中国人都希圣希贤，成圣成贤也就成为士人的最高追求。明代大儒王阳明认为学做圣贤是第一等重要的事，历代家训也都强调要“读圣贤书”。

既然人的境界不同，“有话好好说”也就有不同的内涵，对君子来说，“有话好好说”就是君子之德的重要内涵。孔子强调说话主忠信，要用心，有内涵。比如强调言行一致、行重于言、不讲空话：“先行其言而后从之”“今吾于人也，听其言而观其行”“古者言之不出，耻躬之不逮也”“君子欲讷于言而敏于行”；反对花言巧语，文过饰非：“巧言令色，鲜矣仁”“巧言、令色、足恭，左丘明耻之，丘亦耻之”。

从语言的本质上讲，说话就是为了交流，所以孔子主张讲话要质朴达意。有时候，为了交流的方便，他会使用雅言，《论语·述而》中说：“子所雅言，《诗》《书》、执礼，皆雅言也。”孔子讲话注重“接地气”，正实而切事，所以“子罕言利”，孔子弟子也说：“夫子之言性与天道，不可得而闻也。”为了不讲空话，孔子主张慎言，他主张“非礼勿言”，还说“多闻阙疑，慎言其余，则寡尤”。孔子强调正确对待别人的言论，说：“法语之言，能无从乎？改之为贵。巽与之言，能无说乎？绎之为贵。”接受正言告诫之言，遵从并且改正缺点；喜欢恭维赞许之言，要分析其中蕴含的道理。

当然，社会上更多的还是普通人。对于一般民众，“有话好好说”则意味着懂得赞美激励，知道理解宽容，学会委婉拒绝，不要恶言恶语，不要口出狂言，这是人心和顺、家庭和睦、社会和谐所必须。有一部名字叫作《有话好好说》

的电影，其中有一场长达几十分钟的戏，人物都没有肢体动作，大家端坐在那儿，全靠对白，将剧情推向高潮。给人们留下很深印象的是，因大家修养、身份、立场不同，这场对话成了一种复杂的、社交化交际活动。而这些对白，也使观众得到了“有话好好说”的启迪。

别总担心他人不懂我

熟悉《论语》的人都知道，该书首篇围绕立身处世这一中心而展开，主要谈论孝悌忠信等修身做人的问题，其中每一章都有其特殊的意义。该篇最后一章记有孔子的话，可谓意味深长：“不患人之不己知，患不知人也。”孔子谆谆告诫人们，不要总担心别人不了解自己，而最该担心的是自己能否了解他人。

俗话说“人贵自知”，老子也说过“知人者智，自知者明”之类的话，孔子这里强调的当然也是自知的重要性。孔子教育人们应当立足自身，为人处世首先反省自己，而不是责备别人。只要自己具备了道德学问，具备了察人处世的能力，那么别人不了解自己就不可怕。为人处世最重要的，是自己不能缺乏处世察人的道德学问。后世学者注解说，此章言人当责己而不责人。凡人之情，多轻易于知人，而患人不知己，所以孔子才这样特别地提醒人们。

南宋时期的朱熹特别看重《论语》的首篇，他说《学而》“所记多务本之意，乃入道之门，积德之基，学者之先务”，在朱子看来，若“熟读”并“明得”这一篇，其余便“自然易晓”，可见，这一篇的思想其实是贯通《论语》全书的。所谓“己知”，即“知己”的倒装，宾语前置，意思是“了解自己”。关于“己知”与“知人”的话题，孔子再三提起，《论语》中有多处明确记有孔子类似的言论，例如，《里仁》篇曰“不患无位，患所以立；不患莫己知，求为可知也”；《宪问》篇曰“不患人之不己知，患其不能也”；又曰“莫我知也夫”；《卫灵公》篇曰“君子病无能焉，不病人之不己知也”。

孔子也从“知己”与“自知”的角度开导弟子。一次，子路拜见孔子。孔子问道：“智者是什么样？仁者是什么样？”子路回答：“智者使人知己，仁者使人爱己。”孔子说：“你可以算得上是士了。”子路出去，子贡进来，孔子又问起同样的问题。子贡回答说：“智者知人，仁者爱人。”孔子也说：“你可以算得上是士了。”子贡出去，颜回进来，孔子还是问起同样的问题。颜回答道：“智者自知，仁者自爱。”孔子这次说：“你可以算得上是士人中的君子了。”可见，孔子对于“自知”是多么看重！

孔子教育弟子，往往引导大家更好地了解和提升人生境界，《论语》中记载的著名的“四子侍坐”就是如此。孔子对几位弟子说："我年龄比你们大一些，不要因为我年长而不敢说。你们平时总说：'没有人了解我呀！'假如有人了解你们，那你们要怎样去做呢？"孔子询问四个弟子的志向，子路、冉有、公西华的志向都与治国有关。子路强调的是要"强兵"，冉有强调的是要"富民"，而公西华则强调要使民"知礼"。孔子对三个弟子的志向都不置可否，唯独在听到曾点描述了自己的志向后大加赞叹。其实前三人的志向连起来正是孔子的为政之道——强兵、足食、知礼，以及在此基础上社会秩序的恢复和发展。而曾点的志向则是："莫（暮）春者，春服既成，冠者五六人，童子六七人，浴乎沂，风乎舞雩，咏而归。"这分明是一幅社会安宁、人心淡定的美好图画。曾点所说，乃基于人们道德境界的提升，基于人心的和顺，是人人修身修己的结果。孔子期望政治清明、社会和谐、天下安宁，这反映了他的王道政治理想。

《礼记·学记》中说："知不足，然后能自反也；知困，然后能自强也。"认识到了自己的学问不够，然后才能自我反省；认识到了自己对某些知识困惑不解，然后才能奋发自强。"自知"当然是了解自己，自己的优点与优势要了解，自己的缺点与缺陷更要了解，知道自己的优点是为了更好地发扬光大，了解自己的不足是为了更好地改正。知人、胜人很重要，自知、自胜更重要。能战胜别人是有力的，能克制自己的弱点才算刚强。真正自知的人必须是能够战胜自我的人，后来王阳明哲学中“知行合一”的真谛也在于此。

能够自知，是以较高的素养为前提，这就是孔子及儒家修己、克己的功夫。孔子感叹说：“已矣乎！吾未见能见其过而内自讼者也。”自讼，自己责备自己。朱熹说：“内自讼者，口不言而心自咎也。人有过而能自知者鲜矣，知过而能内自讼者为尤鲜。能内自讼，则其悔悟深切而能改必矣。”“自讼”是一种很高的境界，人要“见不贤而内自省”，要“敦于反己”，“闻道反己”，随时自察过失而严格责己。曾子“吾日三省吾身”就是很好的典范。孔子特别强调推己及人，要求“己所不欲，勿施于人”；又说“君子有三恕”“君子有三思”“君子有三戒”“君子有三畏”，哪一个不都是教人自知？

过则勿惮改

我们读《论语》，会发现首篇《学而》中的一句话，在《子罕》篇再次出现，这就是“过则勿惮改”。《论语》中有多处重文，但这句话无非劝人改错，也用得着如此特意重复记录？然而通读全书，细加思索，却知其大有深意。《论语》果然渗透着弟子后学对孔子教诲的深深体悟，“过则无惮改”正是孔子倡导的修己纠偏、明德向善的必由之途。

中国自古注重个人修养，自省改过则是其重要内容。例如，商代太甲的“悔过”和“处仁迁义”就被视为千古典范，《尚书》也倡导“改过不吝”，《周易》“益卦”的精髓则是“君子以见善则迁，有过则改”。此外，《国语》提倡“有过必悛，有不善必惧”，《左传》中说“人谁无过，过而能改，善莫大焉”，都是流传千古的佳句，也是中国早期优秀传统文化对后人的丰厚滋养。

孔子倡导仁爱中庸，这是其学说的核心所在。然而，要做到持中守正并不容易，所以孔子说“民鲜能久矣”。正因如此，不断改过纠偏、积极修身是通达其途的重要手段。然而，正如中庸难以持久坚持一样，有错必纠、改过迁善也很难做到，孔子也认为：“不善不能改，是吾忧也。”他感叹：“已矣乎！吾未见能见其过而内自讼者也。”错误不可怕，怕的是对错误懵懂无知。孔子认为：“过而不改，是谓过矣。”对待错误，人们有时文过饰非，遮挡掩盖，很不可取。

人往往是在不断犯错纠错中进步的。孟子就对比古今，指出“古之君子，过则改之；今之君子，过则顺之”，他强调“人恒过，然后能改”，只有善于改过迁善，才能不断提高自己的品行。如何对待自己的偏颇与过失，决定了一个人能否进步或进步之快慢。在这方面，孔子堪为表率。别人指出自己的过失，孔子就感到很幸运，他说：“丘也幸，苟有过，人必知之。”

孔子说：“法语之言，能无从乎？改之为贵。”听从别人劝诫，从而积极改过，才难能可贵。他赞扬颜回“不迁怒，不贰过”的“好学”精神，欣赏“行年五十而知四十九年非”的自省精神，敬佩“百姓有过，在予一人”的担当精神。改过，需要有举一反三的自我警醒与修为，需要有择善而从、不善则改的从容心态。

对于孔子的教诲，孔门弟子亦步亦趋，身体力行。他们敦于反己，自觉反省，清醒认识自己。曾子说“吾日三省吾身”，“朝有过，夕改，则与之”，常常反省自己，如有失误，尽快改正，这才是他要追求的修身境界；子路以“人告之以有过则喜”，无非是“知不足，然后能自反也”。孟子分析子路的“闻过则喜”，认为这是可堪与大禹“闻善言则拜”相提并论的美德。

人们都熟悉孔子“过犹不及”的思想，这是儒家“中道”学说的精髓所在。“过”与“不及”都非中正合宜，“不及”与“过”都不合适。在《论语》中的两处记载中，“过则勿惮改”都是与“主忠信，无友不如己者”连言，可见，是否“过”或者“不及”，其核心标准还是是否合乎“忠信之道”，是否合乎仁德标准。子贡说：“君子之过也，如日月之食焉；过也，人皆见之；更也，人皆仰之。”看到有过失或有不及，就主动改正，迁善就仁；要宽厚待人，“躬自厚而薄责于人”，提升自身修养。君子的修养始终在路上。

人自幼而长，入学受教，为的是循正路，走正道。作为“大人之学”或“成人之学”的《大学》，就力图使人明礼向善，在修身的基础上培养经国济世的人才，因此，《大学》中说：“见不善而不能退，退而不能速，过也。”见错不改，就是错上加错。《孔子家语》提倡“过言不再”，也是说错误言论不能再次出现。

孔子“过则勿惮改”的告诫警醒了无数人，后人在阐释经典的同时也积极倡导修身。例如扬雄说“君子贵迁善”，颜之推告诫子弟“夜觉晓非，今悔昨失”，韩愈则说“告我以吾过者，吾之师也”，王安石还专门写《原过》赞赏朋友“有过而能悔，悔而能改”。明代大儒王阳明主张知行合一，所以他说：“不贵于无过，而贵于能改过。”

明代万历年间，袁了凡的《了凡四训》论“改过之法”，认为改过要发耻心、发畏心、发勇心，值得细细品味。知荣辱、明是非，乃为人处世之本。人而明耻，才能知过；人有敬畏之心，明白道德使命，才不会文过饰非，才会畏而改过；人之有过，如芒刺在肉或毒蛇啮指，此时要发勇心，速与抉剔，尽快斩除。

“孔子的叮咛”之二十五

结善缘，养德性，成习惯

人们常说“习惯成自然”，其实这话最早出自孔子。据《孔子家语》记载，孔子有两个年龄很小的弟子，一个是叔仲会，一个是孔璇，二人要比孔子年轻五十岁。每当有学童在孔子身边执笔记事，他们常常轮流服侍左右。孟武伯问孔子：“这两个小孩年龄这么小就来学习，怎么能知道他们长大以后的情况呢？”孔子认为能知道，他说：“少成则若性也，习惯若自然也。”年少时的行为养成如同人的天性，习惯了就好像自然而然了。

一个人能成为什么样的人，有什么样的境界与格局，与其人生关键时期的教育密切相关。教育就像养花，一边养一边静待花开。引导人们实现内心的丰富和心灵的丰沛，学习爱、善与智慧，需要“少成”的功夫，叔仲会、孔璇虽小，但正如蝶之恋花，木之向阳，天性养成，就成为自然而然。因此，为年轻人提供或者营造良好的成长环境，使之在人生起步时接受正确价值观的熏染，对其影响极大。孔子研究了人性问题，认为“性相近也，习相远也”，人的性情本来是相近的，只是由于后天的学习和实践不同，才导致了人与人之间的差距逐渐变大。这句话后被总结在《三字经》中，激励了无数的初学者。

孔子的这种“习性”思想渊源有自，如《尚书·太甲》中说：“兹乃不义，习与性成。”《逸周书·常训》中也说：“天有常性，人有常顺。顺在可变，性在不改。不改可因，因在好恶。好恶生变，变习生常。”都认为后天的习染可以影响人的性情，所以人要注意修养自己的德性。孔子以后，他的孙子子思继续阐发其思想，例如，郭店楚墓竹简《性自命出》中也有“习也者，有以习其性也”“养性者，习也”等说法，都注重对人性的后天培养教化。人一生中常常要面对“天理”与“人欲”的斗争与纠葛。人刚刚来到这个世界时都天真而纯粹，所以《礼记·乐记》中说“人生而静，天之性也”。然而，人不可能不受到环境的熏染，而且“外面的世界很精彩”，如果“人之好恶无节”，就会为外物所“化”，成为物的奴隶。

怎样避免“人化于物”，堵塞“大乱之道”呢？最好的办法是“从娃娃抓起”。我们的先人对此有一系列的思考、一整套的设计。比如《礼记·学记》中说要“适时而教”：“禁于未发之谓豫，当其可之谓时”；“发然后禁，则扞格而不胜；时过然后学，则勤苦而难成”。比如对孩子从小进行“发乎情，止乎礼义”的教育，在童蒙将启的年龄，就在孩子的心灵中埋下“礼”的种子，使之逐步明礼知耻，好恶有节，举止有度。《大戴礼记·保傅》说得好：“夫习与正人居，不能不正也；犹生长于楚，不能不楚言也。故择其所嗜，必先受业，乃得当之；择其所乐，必先有习，乃得为之。”常言说：“与凤凰同飞，必是俊鸟；与虎狼同行，必是猛兽！”你能走多远，看你与谁同行！当然，人要学会放大别人的优点，欣赏别人的长处。这其实也是心态问题，若把身边的人都看成宝，自己就是“聚宝盆”；若把身边的人都看成草，自己可能就成了“草包”。人要懂得尊重与协作，相互支持，一起成长。

儒家非常重视人在成长中“与善”，就是与良善为伍，与美善结缘。人知礼义，先“正容体，齐颜色，顺辞令”，从细微处着手，从基本的行为方式做起。成人要知“爱”知“敬”，懂得“为人子、为人弟、为人臣、为人少者之礼”。《国语》中有一个精彩说法：“戒之，此谓成人。成人在始与善。始与善，善进善，不善蔑由至矣；始与不善，不善进不善，善亦蔑由至矣。”真正的“成人”，在于明是非、别善恶、知荣辱，为此，我们要把握人生观形成的关键时期，在这时亲“善”近“善”，远离“不善”。一旦“与善”，就会“善进善”，

“善”就会在心灵中扎根。中国古代传统的成人礼，男子行冠礼，就是为了“与善”，用“三加冠”的形式砥砺志气，使之“弃尔幼志，顺尔成德”，去除孩子气，固定和充实其成人的德行。

人结了善缘，就越来越知善明善。只有平庸的人才“困而不学”，不能知止以定。心无所定，计无所守，不知“择贤以托其身”，就有可能碌碌无为，平庸一生。儒家强调人要孝悌，也是注重行为养成、德行提升，孔子说：“立爱自亲始”，“立敬自长始”，既是看到了“爱”与“敬”的重要性，也是看到了人年轻时德性养成的关键意义。郭店楚简中有这样的话：“始者近情，终者近义”，“凡人虽有性，心无定志。待物而后作，待悦而后行，待习而后定”。这些说的都是与良善结缘、培养德性、成就好习惯的重要性。

养心之要在明善诚身

在纷繁复杂的世界里，在追求理想的路途中，往往会有人觉得不顺，有人感到走得很累，于是他们渴望拥有一份坦然，希望得到一些轻松。那么，怎样才能获得这份安宁，找到心灵的淡定？如何才能安身取誉，走好人生之路？于此，孔子首先要人们明白修身的切入点在哪里，他开出的良方就是“明善诚身”。

孔子周游列国回到鲁国后，鲁哀公常向孔子问政、请教。有一天，他对孔子说：“子之教寡人备矣，敢问行之所始？”鲁哀公认为，孔夫子教导自己的已经很完备了，但他想知道具体从哪里开始做起。孔子的回答很明确，认为应该从身边、从家庭开始，从“爱父母”“敬尊长”开始，然后将这种“爱”与“敬”的情感推而广之。孔子还说，治理天下国家的规则虽然有很多，而推行的办法却只有一条，那就是一个“诚”字，即真诚专一。孝亲、尊长在于“诚身”，从而彰显善性，使自己内心真诚。古人认为“诚”是天道，是最高的自然准则；遵循和效法这个法则，而使自己也做到诚，就是为人之道，这就是为人处世的最高原则。

所谓最高原则，其实也是最基本、最简单的原则。孔子认为，放大亲与爱的观念，是为了教导百姓和睦；树立敬与尊的观念，是为了教导百姓顺从。教人慈爱和睦，百姓就注重孝养亲人，教人尊敬恭顺，百姓就乐于听从政令。如此这般，治理天下还有什么可担心的呢？所以孔子说：“民既孝于亲，又顺以听命，措诸天下，无所不可。”放大“亲”与“爱”的观念，就是一个“明善”的过程。

然而，哀公还是担心，他说：“寡人既得闻此言也，惧不能果行而获罪咎。”他听说了这些教导，虽然口服心服，但是害怕不能把这一切贯彻落实，从而招致罪过和埋怨。其实，“明善”之后还需要“诚身”，还要落实在具体行动中。“不能果行”就是没有“诚身”。“诚”最简单，它无须思索琢磨，不用瞻前顾后，也不用反复掂量，而是“弗勉而中，不思而得”。可是“诚”又最难，做到“诚”就是“无息”，就不再停下修身的脚步，在为善的路上不再犹豫彷徨，不再迷茫失落，就是“从容中道”，具备了圣人之“体”。孔子强调中庸为“至德”，正是因为“民鲜能久”。

国家治理是这样，个人修为同样如此。所谓“凡事豫则立，不豫则废”，无论做什么事情，事先有准备就能成功。这个准备或者“豫”，其实就属于修身的层面，修身到位才是真正的“豫”，才是真的准备好了。《中庸》里说“道前定则不穷”，一个人有正确的观念信仰或处世原则才不会迷茫，讲话才没有窒碍，做事才不觉困难，行动才无怨悔。民众上下一心，互相信任，国家或社会才能和顺和谐。国家层面上的上下同欲、君臣一心，与取信于朋友、孝顺父母、内心真诚都具有内在的统一性。但无论如何，内心的真诚是一切的前提，具备了内心的真诚才能彰显这些善性。所谓“明善诚身”，其道理就在于此。明善，就是明是非、知荣辱、懂好恶；诚身，就是择善固执、锲而不舍、拳拳服膺。人能明理知耻、好恶有节，距离心灵的宁静与淡定还会远吗？

俗话说，“无欲则刚”。西人叔本华说，欲望不能实现，则感到痛苦，欲望得到实现，则感到无聊，人生就是这摇动不止的钟摆。人的烦恼多生于欲望与贪念。明儒吕坤曾说：“一念收敛，则万善来同；一念放恣，则百邪乘衅。”若能控制内心的欲望，各种善德就集于一身；如果放纵欲望，各种邪念就会乘虚而入。人天性趋乐避苦，但如果穷尽手段去追求快乐，满足全部欲望，就会走向堕落。

中国儒家论述“诚”者很多。例如荀子明确说：“君子养心莫善于诚。致诚，则无它事矣。唯仁之为守，唯义之为行。”修养心智没有比真诚更好的方法了。做到了真诚，人们就不需瞻前顾后，左顾右盼，就没有什么烦恼与忧虑。荀子所说做到真诚的方法，不论是守仁德，还是行道义，都只是明善的具体要求。

明善诚身内涵很丰富，说话无欺是真诚，做事踏实是真诚，为人坦荡是真诚，行动坚忍也是真诚。诚，是天道，天道至诚；是大道，大道至简。诚，简简单单；诚身，本本分分。平常心，就是道。心静了，才能听到水流与鸟鸣；不焦躁，才能听到内心的声音，这就是养心之要。

"孔子的叮咛"之二十七

别成为聪明的失败者

《中庸》里记载了孔子的一句话，让人读后不觉怵惕心动，头脑也清醒许多。孔子说："人皆曰予知，驱而纳诸罟擭陷阱之中，而莫之知辟也。人皆曰予知，择乎中庸，而不能期月守也。"孔子分明是在提醒人们，如果一个人真的有觉知，就不应该是一个聪明的失败者。

聪明的失败者——这个词有点像"公开的秘密"，表面上看起来矛盾，实际上却普遍存在。在孔子的这句话中，"罟"是捕捉鸟或鱼的罗网，"擭"是带机关的捕兽木笼。辟通"避"，躲避之意。期月，一个整月。孔子说，人人口上都说"我知道"，却总像飞禽走兽一样，被驱赶到了罗网、陷阱之中还不知道躲避；人人口上都说"我明白"，选择了"中庸"，却连一个月也坚持不了。

那么，孔子看到了怎样的现象，使他说出这样的话来？实际上，孔子强调的是"知"与"行"的贯通，强调的是落实在具体行动中的“诚”。《尚书》中说“非知之艰，行之惟艰”，其实上文孔子的话也是在说“知易行难”，在他看来，真正的聪明绝不仅仅停留在口头上。现实中，很多人自我感觉不错却最终并没有成功，许多人认为自己不缺乏智慧、不是不聪明，最终竟然就失败了！

不难察见，许多聪明的失败者，他们的“知”或“智”，恐怕只是“小智”。在孔子心目中，舜就是真正具有大智慧的人，十分开通明达，绝不自以为是。他说：“舜其大知也与！舜好问而好察迩言，隐恶而扬善，执其两端，用其中于民，其斯以为舜乎！”舜能虚心向人求教，“好问”而善于学习，兼听而明，绝不自以为是，始终用开放的心态面对外界。即便看起来很浅显的言论，大舜也能认真体察。他将其中不合情合理的恶言隐去，宣扬其中有意义的善言。他能够把握住事情的两端，而选取中道施于百姓。正因为他能将天下万民万物的智慧为己所用，舜才得以成为圣人大舜。再博学多才之人也不会全知全能，孔子就谦卑自知，他承认自己“无知”，有人提出他不了解的问题，他就从事物的两端推敲，尽量接近中道。

善于认识自己，还要善于提升自己。那么，最紧要的，恐怕就是至诚无息、择善固执了。孔子十分赞赏颜回，说“回之为人也，择乎中庸，得一善，则拳拳服膺而弗失之矣”。

许多人执中不能持久，恰与颜回的坚持不懈相对。颜回选择追求中道，领悟到一点善端、一种好的道理，就会牢记在心，再不让它失去。作为孔子最喜爱的弟子，颜回最大的优点就是乐学不厌，这已经是他人无法比拟的了。登高才能望远，颜回之所以“闻一以知十”，因为他“不迁怒，不贰过”，可以做到“其心三月不违仁”，这是他的境界，唯其如此，他才能感知到孔子思想的高深与奥妙。

有人说“太聪明的人往往都是失败者”，恐怕这样的“聪明”就是“小聪明”而已。比如电影《阿甘正传》里的阿甘，因为智商低，他进小学都困难，但他几乎做什么都成功：长跑、打乒乓球、捕虾，甚至爱情，最后成为成功的企业家，而一些比他聪明的同学、战友却并不比他成功。阿甘或许应该拜赐于他的低智商、不懂得计算输赢得失。他唯一懂得的就是简单坚持，认真地做、傻傻地执行，最终得以成功。难道不是吗？很多时候，社会上缺的不是“聪明人”，而是这样的“傻子”。聪明当然不是错，更不是罪，关键是要聪明地利用好自己的聪明。否则，聪明就很难为自己的人生锦上添花，说不定它还会成为自己人生的美丽包袱。

是的，我们看到过很多“聪明”的议论者、埋怨者，看到过很多有一分收获才肯耕耘一分、没多少收获便不肯耕耘的人。他们也许就是孔子所说的“皆曰予知”的人。其实，孔子之言，无非就是教人踏实努力，坚持不懈。真正有大智慧的聪明人绝不汲汲于曲径小道。天道至诚，谁也挡不住寒来暑往，挡不住时光的流逝，所以人们要效法天道，以“至诚”之心去行动，做好自己。要“博学之，审问之，慎思之，明辨之”，最终还要“笃行之”。唯有具备了这个“诚”，才能成就自己。真正的有道君子无一不是有“至诚”之心的人。

“孔子的叮咛”之二十八

与他人的优点相处

有这样一则故事：一个上幼儿园的小男孩经常提到他一位最好的朋友有多酷、多风趣，后来家人发现他的朋友原来是坐在轮椅上的。家人问孩子为什么从来没提过朋友坐轮椅的事情，小男孩淡淡地说：“因为无关紧要啊。”这个故事很简单，其中的道理却很不简单。与别人的优点相处，这也是个人修行的一条重要途径。

从这个故事中，我们仿佛看到了孩子纯澈的眼睛。故事的创作者显然是有感于孩童的天性，他们的世界比大人的更加纯净和简单，难怪老子向人们发问“能婴儿乎”，希望人们“沌沌兮，如婴儿之未孩”，“常德不离，复归于婴儿”。这个小男孩欣赏的是朋友酷炫与幽默的优点，而其他的在小男孩看来真的无关紧要。是的，当我们能和别人的优点相处的时候，我们就具备了与人交往最重要的能力。

有人说，一个人善于和他人的优点相处，那他必然心胸广阔；老是和他人的缺点相处，那么他就往往心里阴暗。一个人心里有什么，从他人身上看到的就是什么，也决定了与他人的相处模式是什么样的。与他人的优点相处，既要有发现他人优点的境界，更要有学习他人长处的能力。如果时时以自我为中心，满眼都是他人的缺点和毛病，又怎么能学到他人的优点呢？

善于学习他人的优点，注意迁善改过，才能完善自身，提高德性，这正是孔子及儒家主张的修身之道。孔子学无常师，子贡说："夫子焉不学？而亦何常师之有？"孔子说："三人行，必有我师焉：择其善者而从之，其不善者而改之。"意思是在几个人当中，他们的德行一定有我可以师法学习的，选择善的地方而师从，那些不好的地方，如果我也有就加以改正。孔子的话与子产一致，子产说："其所善者，吾则行之；其所恶者，吾则改之，是吾师也。"

择善而从，基本前提是要用"善"的眼睛观察世界，有"择善"的眼光，有"见善"的能力。请注意不要误解，这里不是说不去明辨是非，人的修养尤其如此。看到"善性"与"善端"，才有可能去放大善性，才能"明德向善"，进而"明善诚身""见善不怠"。《论语》中有两处记载孔子说"无友不如己者"，这是说不要与缺乏仁德的人为友。也就是说，人要积极向上，知荣辱，明是非，追求仁德修养。

人生有不同的境界，人与人之间有时格局差别很大。人只有“志于道”“志于仁”“志于学”，有崇高的追求，才能成为“中人以上”的“大人”，成为可以“喻于义”的“君子”。人有了这样的追求，才会从善如流，才能有追求“善”的紧迫感。孔子说：“德之不修，学之不讲，闻义不能徙，不善不能改，是吾忧也。”又说：“见善如不及，见不善如探汤。”孔子之学乃“修德之学”，这里所说“德”“学”“徙义”“改过”是孔子个人所忧虑之事，也是所有“学者”所应忧虑的事。《朱子语类》说得好，修德是本，为要修德，故讲学、徙义、改过即修德之目。一个人心里有了修德迁善的紧迫性，才会觉得看到善的行为就像赶不上似的，才会觉得看到不善的行为就好像把手伸到开水中一样。

人有了向上的动力，才会有上进的力量，才会有“改过”的勇气。孔子认为，人有庸人、士人、君子、贤人、圣人之分，人们在做君子、成圣贤的道路上，要学会“见贤思齐”“见不贤而内自省”，一旦学会“择贤以托其身”，就意味着能够摆脱平庸。清朝康熙皇帝的《庭训格言》中说：“千古圣贤，与我同类人，何为甘于自弃而不学？苟志于学，希贤希圣，孰能御之？”因此，人要有“改过”的勇气。人谁无过？过而能改，善莫大焉！

我国古代对人的培养就是使其最大限度地靠近善。例如重视作为男子成人礼的冠礼，就是希望年轻人“与善”，在人生关键时期与“善”结交，与“善”结缘，从而远离不善，越来越善。古代朝廷培养太子，其办法则是选取天下端士、有道术的人作为辅翼，与之一起居处出入，让他“目见正事，闻正言，行正道，左视右视，前后皆正人”。难怪国君或大臣向孔子“问政”，孔子都回答说“正也”，为政者“正”，就能以自己的“正”引导天下的“正”。

总之，与他人的优点相处，不失为完善自身、光明内心的好方法。按照这种方法处世，我们会觉得很轻松很快乐。平日我们与他人相处难免会有磕磕碰碰，但不要太着眼于他人的不足或与自己意见不同的地方。“用人之长，天下无不用之人；用人之短，天下无可用之人”，与他人的优点相处，真的是一种能力和境界，是一种大智慧。

“孔子的叮咛”之二十九

为人处世求“心安”

修己是孔子伦理思想的核心。怎样修己？修己的目标是什么？当我们思考这个问题时，会发现一个字很重要，它在整个孔子思想体系中占有重要的地位，这个字就是“安”。

有一天，弟子宰我问孔子：“父母去世后为其守丧三年，时间未免太长了吧。”孔子感到诧异，于是问他：“在自己父母的丧期内，如果吃精细的米饭，穿锦缎制成的华美衣服，你会觉得心安吗？”没有想到，宰我竟然说：“我心安！”孔子很意外，他无奈地说：“既然你心安，你就那么做吧！君子居丧期间，吃美味不香，听音乐不乐，正常起居心也会不安，所以不会那么做。”于是，孔子再一次说：“女安，则为之！”宰我退了出去，孔子说：“宰我真是不仁啊！”

在孔子看来，孩子出生后三年才能脱离父母的怀抱。父母去世后孩子为其守孝三年，这是天下一致的礼制。难道宰我没有得到父母的三年之爱吗？孔子论述“三年之丧”的道理，希望人们重视孝道。孔子那时，父母去世后，子女守丧三年，这是孝道的要求。世界不能缺少爱，爱的培养就从孝亲开始，所以孔子说“立爱自亲始”。人之初生，如果没有父母无微不至的关爱，哪里会有子女的一切！那么，至亲至爱离开了自己，为人子女者怎能心安地享用华衣美食？

孔子思想的价值体现在对人性的深邃思考上。人们都向往和追求讲道德、尊道德、守道德的生活，因此，人要提高道德实践能力，尤其是自觉践行能力，才能真正形成向上、向善的力量。这是修行的结果，也是修行的水平。儒家讲慎独，这是追求道德的自觉。孔子及儒家思想是把人放在社会中，思考人们如何才能和谐、和睦地共同生活在一起。

心安是心灵深处的安顿，是人的修养与修行。多年前，我与朋友去看望学界的一位老先生。他是大家都很尊敬的前辈，因而我们就给他带了土特产表示心意，但先生坚持不收。他轻轻地说道：“如果我收下，心里会不安。”这一句话我至今难忘。那件事已过去了好多年，先生也已不在人世，但想到他，我就想起他的这句话。我觉得，老人的这句话分量很重，让我们心中充满温暖与敬意。为人处世是否心安，能否想到要让自己心安，这是一个人境界的体现。

修身到位的人，一定有正确的人生方向，不会斤斤于生活中的琐事，会踏踏实实地努力，把普通的岗位看作修炼自身的道场。孔子说“仁者安仁，知者利仁”，仁根于心、本于己；心向往仁德，施于四体并推之于外物，使己与人都润泽于仁德。有仁德的人以行仁为安，有智慧的人以行仁为利。孔子说，不具备仁德的人，不可以长期处于困顿中，也不可以长期处于安乐中。孔子反复称赞颜回之“贤”，说“一箪食，一瓢饮，在陋巷，人不堪其忧，回也不改其乐”，颜子所乐乃孔子之道，并不在居处、饮食，他不因生活困顿而丢弃德行。

人之所安，即人之所乐。《大学》中说：“知止而后有定，定而后能静，静而后能安。”有目标、有方向，一个人才能做到定、静、安。安于何事，很能反映一个人的胸怀。我们观察一个人，也可以从其“所安”着眼，孔子说：“视其所以，观其所由，察其所安。人焉廋哉？人焉廋哉？”一个人为了什么做事情，做事时采用什么方式，安心做什么事情，了解了这些，这人哪里还隐藏得了自己呢？

人要成人，成为合格的社会人，就必须不断修身。人非圣贤，孰能无过？所谓修身，也许就是一个不断纠偏、不断改过的过程。人心有所安，是因为明理知耻，有所敬畏。因此，《了凡四训》论“改过之法”，认为一旦有过，则“小者如芒刺在肉，速与抉剔；大者如毒蛇啮指，速与斩除”。人之改过，一定要发耻心、发畏心、发勇心。何以如此？求心安而已。

人之修为，正心为要

一个有益于社会的人，自然一定是懂得修身的人。那么怎样修身？《大学》中说得明确：“心正而后身修。”孔子最重视人之正身修己，在孔子看来，为政者由正身而正人，修己者由正心而正身。心正而后身正，身正基于心正，天下无心不正而身正者。一言以蔽之，人的修为应以正心为要。

无论哪个国家，也无论哪朝哪代，似乎管理者们都在为自身的强大而打拼，为社会的良好运行而费心，但是，在孔子及儒家的语境中，使社会秩序规范、社会运行良好其实很容易，自己做到身正就可以了，所以孔子说：“苟正其身矣，于从政乎何有？”相反，“不能正其身，如正人何”？若如此，面对“是”与“非”的选择，用得着那么纠结吗？事情有那么复杂吗？可是，现实却是，不该发生的事情常常发生，令人瞠目结舌的荒唐事一再出现，甚至违背公德、伤天害理的事也层出不穷！

按照孔子的话去推断，这可能就是“为政者”不能“正”的问题了。孔子一再强调“政者，正也”，说“子帅以正，孰敢不正”，“其身正，不令而行；其身不正，虽令不从”。在孔子看来，舜就是这样的圣王，他能以上率下，自己做好了，然后上行下效，于是取得了“无为而治”的效果。舜能成为孔子及儒家所推崇与“祖述”的先王，关键在于他能恭己正身。

古代圣贤树立了“正身”的榜样，人们就应该学习圣贤，遵从圣贤之道。我们若要成为引领社会的“大人”，成为对社会有用的“君子”，就要对圣贤心存敬畏。孔子说君子要“畏圣人之言”，王阳明说人生第一等事是读书做圣贤，曾国藩说看一个家庭或家族能否兴旺，重要的一点是要看他家的孩子是否读圣贤书，说的都是人生方向问题。所以孔子说有修养的人要“就有道而正焉”，如果这样做了，就是“好学”，就是“志于道”。如果人人都能正身修己，自年轻时接受教育或修炼自己“思无邪”，将来就能按照自己的社会角色的要求做好自己，社会的正气就可期而至。

时至今日，正身的重要性、必要性似乎已经无须多言，问题在于如何修己，而其关键就在于“正心”。《大学》的“絜矩之道”、《中庸》的“君子之道”、《孔子家语》的“三恕之本”都给人指出了具体的方式和方法。人要立志向学，言忠信，行笃敬；食无求饱，居无求安，敏于事而慎于言；己所不欲，勿施于人。

正心，可不是说说而已，它要求人们要有内在的自觉，要有慎独的自律，要踏踏实实地从最基本的事情做起。孔子希望人们能“正其衣冠，尊其瞻视”，曾子也说：“动容貌，斯远暴慢矣；正颜色，斯近信矣。”其实，无论是谁，都必须在做人与做事上解决“心”之所属的问题。中华民族一直有“天下为公”的理想与追求，人必须有公共意识、公德意识，只有这样，才有可能由“心正”而“身正”。

儒家强调“求其放心”，以为“学问之道”仅此而已，是因为人们需要唤醒良知良能,从而安顿自己的心灵。花有色、香、味，人有才、情、趣。人有了这些，无论与他人同行，还是独自行走，一路上总会有暗香随行。

易其心而后语

一个人的修养与境界往往体现在他基本的行为之中，或者说人的言行体现着人的修养与境界，因此，提升自己应从基本的言行开始。怎样言语？如何说话？这一问题其实并不简单。在这方面，孔子有一句话很重要，就是见于《易·系辞》的"易其心而后语"，它说的是要有话好好说，说的是自觉修身的大问题。

什么是"易其心而后语"？关于这句话，人们的理解并不相同。有人说"易"的意思是交换，是换位，这里说的是"换位思考"。还有人说"易"就是交易，这里是说交心，人与人相处应该交易其心，因为在人际交流与交往中，大多数人可能都交不出心来。这样解释似乎也能讲得通，但恐怕未必符合孔子的本意。

实际上，这里的"易"应该是和悦、和蔼、平易的意思，"易其心"也就是和悦其心。在孔子的原话中，与"易其心而后语”并列的还有“安其身而后动”“定其交而后求”，因此“易”与“安”“定”意思大体一致。孔子接着说：“君子修此三者，故全也。”“易”“安”“定”都是“修”的目标或结果。《大学》所说可以作为印证：“知止而后有定，定而后能静，静而后能安。”“易”大致与这里的“静”相似，有平静、安定的意思。

可见，“易其心而后语”属于儒学修养论的范畴。一个人安身立命，要有最起码的修养，要培育做人的根本，这个问题解决好了，才有具体行动和干事的可能。如果连基本的立足点都没有，连最基本的问题都没有解决好，怎么可能做成大事呢？

在人际交往中，一个人说话是否到位、是否得体、是否恰当，关涉极大。心平气和的时候，往往说得更准，做得更好。孔子说：“君子无所争，必也射乎。”人有君子之德，就没有什么可以争长论短的。如果一定有“争”的话，一定要论高低的话，那就应该是比赛射箭。因为射箭要比较的，是看谁更能心平气和、平心静气。“易其心而后语”与射箭的道理一样，只有心平气和，才能说得到位，说得恰当。

平易其心而“语”，乃是为了心正。《说文解字》曰：“语，论也。”“语”的意思是辩论是非，与人答问辩难，陈述、表达自己的观点。“语”，尤其需要心正。“正”就是中正，就是不“过”，也不能“不及”。要做到这一点，特别需要心平气和。《中庸》里说得好：“所谓修身在正其心者，身有所忿懥，则不得其正；有所恐惧，则不得其正；有所好乐，则不得其正；有所忧患，则不得其正。”“易其心”就是“正其心”，心有愤怒、心有恐惧、心有喜好、心有忧虑都很难端正，因此要尽量避免在这样的情况下发表自己的论点，否则言语就很难做到平和中正，很难不偏不倚，而往往会词不达意，还可能出现误解，留下遗憾。

其实，平易其心并不容易。古人云：“人见利而不见其害，必贪；鱼见食而不见其钩，必亡。”人见其利，往往忍不住清苦，耐不住寂寞，保不住名节，守不住淡泊。《大学》中说：“心不在焉，视而不见，听而不闻，食而不知其味。”说的都是心思没有放对地方。人修养高了，做人坦荡，遇事超然，心情恬淡，荣辱不惊，才能保持平静平和的态度。有了境界，自己的心灵才会得以安顿，才会明如镜、清如风、淡如水，才能看透事物本质，不至于神不守舍。

人的修养如此，社会管理也是这样。孔子说：“惧以语，则民不应也。”为政者如果以恐吓威胁等手段逼迫百姓，百姓就不会在内心与你相应。管理者要想政令畅通，也同样需要“易其心而后语”，先让自己的心平静下来，之后再发号施令。

总之，“易其心而后语”包含深刻的哲理。人们要努力做到“易其心”“正其心”，无论做什么事，都要按照修身原则，细细斟酌，好好思量，权衡利害。这是修身之道，也是管理之道。

将身有节，动静以义

鲁哀公与孔子闲聊，问：“智者寿乎？仁者寿乎？”孔子说：“若夫智士仁人，将身有节，动静以义，喜怒以时，无害其性，虽得寿焉，不亦可乎？”

人都有自己的“性”，只要尊重这个本性，顺从这个本性，长寿就是自然而然的事情。《礼记·中庸》开篇就说：“天命之谓性，率性之谓道，修道之谓教。”人为什么需要“教”，当然是因为必须遵循作为天理性命的那个“道”。然而，现实情况却是许多人死于非命，令人扼腕叹息。孔子说：“夫寝处不时，饮食不节，逸劳过度者，疾共杀之；居下位而上干其君，嗜欲无厌而求不止者，刑共杀之；以少犯众，以弱侮强，忿怒不类，动不量力者，兵共杀之。此三者死非命也，人自取之。”

起居没有规律，饮食没有节制，安逸或劳累过度，就会生病而丧命；身居下位却冒犯君主，贪得无厌，索求不止，就会遭到律法惩处而死；以少数侵犯多数，以弱者侮慢强者，愤怒超越常规，做事不自量力，会死于刀兵之下。孔子说完这些，最后说了一句很重的话：这三种死非其命，乃是咎由自取！

孔子与哀公的对话涉及了“智”“仁”“义”等概念，这很容易让人想到仁、义、礼、智、信“五常”。“常”有普通、不变义，也有常例、常式、法式等义。孔子说“将身有节，动静以义”，说的也是“守常”，人要收放有度、合宜有序，而不能贪欲贪婪、无所节制。“五常”是一个整体，人要整体提升，全面发展，“仁、义、礼、智、信”五者就不能偏执、不可偏废。孔子说“知(智)及之，仁不能守之，虽得之，必失之”，就是这样的道理。

《左传》中有一句话很有名，就是“人弃常则妖兴”。人违背了常理、常道，就容易出现一些反常的现象。这个“反常”之“常”发人深省！“天反时为灾，地反物为妖”，做人反常，做事反常，出现“灾”“妖”不就自然而然了吗？《左传》里还说“妖由人兴”“妖不自作”，人无嫌隙，妖怪起不来，人背弃常道，才有妖怪作祟。

以前我读《中庸》讲的“至诚如神”，觉得有点玄乎，有点“唯心主义”。如：“国家将兴，必有祯祥；国家将亡，必有妖孽”，还有“见乎蓍龟，动乎四体。祸福将至，善，必先知之；不善，必先知之”。西汉董仲舒则提出“天人感应”理论，认为天、人之间存在着一种联系，天主宰人事，人的行为也能感动天。深入思索之后我发现，原来他们讲的是天人合一，讲的是人道应该效法、遵循、顺应天道。荀子说“天行有常，不为尧存，不为桀亡”，如果人们违天、逆天，违背常道，自然出异常、社会出灾妖、个人生意外就难以避免。

现实生活中，很多人被情绪、喜好和私欲蒙蔽，又局限于知识水平，便看不到事物之间的联系。还有一种可怕的情况，就是明明已经发觉了不好的迹象，很多人却因为不敢面对而继续自欺欺人，这就违背常道了。作为人生之大道，仁、义、礼、智、信“五常”几千年来被人们自觉尊奉。佛教还把杀、盗、淫、妄、酒这“五戒”比附“五常”，认为“不杀生，仁也；不偷盗，义也；不邪淫，礼也；不饮酒，智也；不妄语，信也”，也是教人严谨做人。人不讲“五常”，不仁、不义、无礼、无智、无信，也就是做不到“将身有节，动静以义，喜怒以时，无害其性”，就可能出现伤身害命的严重后果。

“孔子的叮咛”之三十三

聪明，需要仁德守护

孔子及儒家提倡仁，但绝不排斥智。现代人重智，却对仁存在有意无意的忽视或藐视。儒家文化传统的“五常”中就包含“仁”“智”，而以“仁”为先，一个人如果迷信“智”而忽视“仁”，一定是对传统文化还相当陌生，自然也对仁、智关系缺乏基本的理解。所以，孔子告诫人们说：“知（智）及之，仁不能守之，虽得之，必失之。”他的意思是，人们的聪明才智离不开仁德的守护。

真正的智慧是大智而非小智，历史上许许多多有情怀、有作为的人，他们拥有的智慧都是大智，他们身上彰显出了生命的真正意义与价值。孔子处在无道之世，他四处奔走，光明磊落，直道而行；他胸怀天下，心系苍生。孔子是有情怀、有德行、勇担当的君子，更是明道救世的圣人。孔子说：“君子谋道不谋食”，“君子不可小知而可大受”，“事君，敬其事而后其食”。小聪明算不得智慧。仁、智是统一的，真正的智慧离不开仁德，站得高才会看得远，才会以至诚之心，兢兢业业，择善固执。真正有智慧的人，一定坦诚做人、踏实做事。“人弃常则妖兴”，做人的常道能不遵守吗？如果一个人自作聪明，甚至把胡作非为看成是所谓“自由”，没有社会性意识，不修仁德，他就不会有真正的智慧。

古代圣王都是既仁且智的人。圣王垂范而天下治，孔子尊敬有仁德的人，更期待有仁德的圣主明君。舜能无为而治，恭己正身，是孔子最崇拜的人。春秋末年的现实却令孔子十分失望，他对弟子说：“知德者鲜矣。”知德者行仁，要言忠信，行笃敬；为人君者，要培养一大批的“智士仁人”；“工欲善其事，必先利其器”，有见识的国君往往远虑深谋。如果缺乏远见，言不及义，则不足以谋大事。孔子周游列国首先到了卫国，希望在这里一展抱负，他对卫国有很高的期待。但卫灵公向孔子“问阵”，关心的是兵战与打仗，这令孔子很失望，孔子冷冷地说：“俎豆之事，则尝闻之矣。军旅之事，未之学也。”第二天，孔子便离开了卫国。

真正的智慧首先在明德守仁，一定要理解孔子“人能弘道，非道弘人”的教诲，懂得“谋道不谋食”“忧道不忧贫”的深刻含义。孔子周游列国，遇到了一个又一个困厄，有人对此不理解，就连子路也产生了怀疑，他提出疑问说：“夫子未智与，人之弗吾行也。”他在想，人们不推行我们的主张，难道是由于我们不够睿智吗？今人也是如此，于是有人看到孔子“丧家狗”般的政治命运，却不见孔子“择木鸟”一般的政治品格。在《论语》的倒数第二篇，《论语》编者请孔子的弟子们出面代言，可谓用心良苦。例如，子贡“家累千金”，甚至与许多国君“分庭抗礼”，很多人认为“子贡贤于仲尼”，还有人当面对子贡说：“仲尼岂贤于子乎？”子贡则说：“君子一言以为知，一言以为不知，言不可不慎也。夫子之不可及也，犹天之不可阶而升也。”如果从功利的角度着眼，孔子及儒家汲汲于道，致力于修正社会人心，其主张的伦理道德似乎显得迂阔或者迂腐，但实际上，这正是社会和谐的关键所在，在功利与道义之间，不少人在选择、在摇摆、在挣扎，这里就有“小知”“大知”之别，有人却只见“方术”而不识“道术”。

孔子常常谈起“知”或“智”。孔子说：“知之为知之，不知为不知，是知也。”孔子所说的是“真正的智慧”这样的问题。在这个世界上，“生而知之”的人很少，人可以“学而知之”，可以“困而学之”，却不可“困而不学”。孔子说：“吾尝终日不食，终夜不寝，以思，无益，不如学也。”真正的智慧来源于“学”。不懂装懂不是真懂，有智慧的人不会只想着耍小聪明。子夏说：“小人之过也，必文。”文过饰非，不能“敏以求之”，哪来真正的智慧？所以子贡说：“贤者识其大者，不贤者识其小者。”

在孔子心目中，理想的人是“志于道，据于德”者，人有志于道术，从而遵道而行，以仁德润身，人生才会更有价值与意义。人志于道，就不会斤斤于生活中的琐事，就能有格局、有气象，就会有品位、有追求。前人云“莫问收获，但问耕耘”，一个人能谦谨庄敬，循理而动，以仁德守护自己的道，就一定会有所成就，就是一个有道者。

行走与德行

在当今时代，车辆越来越多，交通越来越拥堵，“行走”问题越来越受到关注。儒学关注现实，思考人与人怎样和谐相处。孔子就再三叮咛，要人们思考自己的社会性存在。在他看来，人们的行住坐卧都体现着德性，可以说，人们的出行密切联结着人的德行。

人与人之间发生社会联系，就需要遵守相应的社会规则与规范，并使之成为一种自觉，这样才能使人心和顺、社会和谐，才能构建文明与发达的社会。孔子的理想就是如此，他希望人们循理而动，他向往“天下为公”的社会状态。“天下为公”即人人讲公德，守秩序，按照人的社会性要求去做。古人云：“背私为公。”又云：“自环者为私。”如果只考虑一己之私，这就背离了公德。当人们都尊奉天下为公理念时，就实现了“大道之行”的“大同”理想。

弟子向孔子“问行”，孔子回答了六个字：言忠信，行笃敬。在孔子看来，人应说话忠诚守信，行事庄重严肃。做到这一点，一个人即使到“蛮貊之邦”也能通达，否则，就是在本乡本土也行不通。人应将“忠信”“笃敬”装在心中，指导自己的行动。这里，“行”是指“通达”，不是“行走”，但也包含行走的意思，人会“行走”，才有德行，才能通达。子游做武城宰时，孔子问他求得了人才没有，子游说：“有澹台灭明者，行不由径，非公事，未尝至于偃之室也。”这里的“行不由径”，指做事合乎正道，光明磊落。行，走路，此指做事。径，原意为小路。《论语》中讲的“行笃敬”“行不由径”等，对今天“行走”文化建设具有重要意义。

孔子是一位社会规则的模范遵守者。《论语》的《乡党》篇集中记载了孔子所主张的容色言动、衣食住行之道。历史上有人说：“圣人之所谓道者，不离乎日用之间也。”又有人说：“盛德之至，动容周旋，自中乎礼耳。学者欲潜心于圣人，宜于此求焉。”行走有行走之道，欲学会走路，可以效法孔子的彬彬有礼，学习他的深厚素养。例如，“入公门，鞠躬如也，如不容。立不中门，行不履阈”，这是他面见国君、面见大夫时的态度，另外还有出入于公门和作为使者出使时的表现，都显示出他正直仁德的品格，表现了他礼敬恭谨的态度。

孔子说：“谁能出不由户？何莫由斯道也？”用“出必

由户”来说明“道”之重要。孟子发挥说：“夫义，路也；礼，门也。惟君子能由是路，出入是门也。”他反复强调义为“人之正路”。《诗》有云：“周道如砥，其直如矢；君子所履，小人所视。”这是说君子能循道而行。在社会生活与人际交往中，我们往往会遇到“人情”与“人义”的冲突，如何解决这个冲突，就体现出人的修养与境界。例如《论语·乡党》记：“乡人饮酒，杖者出，斯出矣。”在举行乡饮酒礼时，等拄杖的老人走出去以后,孔子自己才出去。这样一个小小的细节，体现出的却是极高的素养。乡饮酒之礼，在于明尊长、明养老。民知尊长养老，而后乃能知孝悌，而后成教，成教而后国安。礼仪表达礼义，礼仪结束了，礼义应该深入人心。乡饮酒礼结束后，让年龄较大者先出，正是礼义的要求。

人类生活，衣食住行，行走之中最能看出人的素养。四通八达的交通，往来不断的车辆，川流不息的人群，呼唤人与人之间的理解与尊重，需要大家的公共意识或公共道德。孔子说得好：“虽有国之良马，不以其道服乘之，不可以道里。虽有博地众民，不以其道治之，不可以致霸王。”孔子把治国比喻成驾车。马匹再好，不按照驾驭的规则来驱使，马也走不多远；国家再大，人口再多，不遵循治国之道来管理，国家也不会强大，更不会伟大。这里涉及“道”与“德”的大问题，做什么样的人，走什么样的路，关键在于信什么“道”；

有正确的信仰，才有合理的行为，才有合乎公德的行动。

我们今天的行走何尝不是如此？仅仅有好的交通工具，也未必能够迅捷畅达。不言而喻，如果大家不能遵守交通规章，如果没有好的秩序，道路上就会拥堵不堪，事故连连。同理，治国必以其道，才能形成一贯的价值体系，才能国安天下平。

“孔子的叮咛”之三十五

明刑弼教，刑以佐教

我曾看到一个视频：一辆运送苹果的大货车翻了，苹果撒了一地，附近的人围拢过来疯抢。货车主人无奈之下报警，可没想到警察竟然都无法制止哄抢的人群。看着货车主人无助的哭喊，人们不能不想，如果法律不能有效保护无辜受害者，如果执法者面对无理、无赖或侵犯行为而无能为力，社会的公平与正义如何维护？全面依法治国又从何谈起？于是我想到《尚书》中的“明于五刑，以弼五教”，还想到了孔子所说的“五刑所以佐教”。

孔子一生从政时间不长，最后在大司寇任上离开了鲁国，开始了他周游列国的生涯。大司寇，大致相当于现在国家的司法部部长，可孔子给我们的印象却更像一位教育部部长。这大概就是德法关系的象征了。孔子的政治思想是“德主刑辅”，人们都知道这意味着孔子重“德”，然而，却较少想到在他的思想中刑何以“辅”德、怎样才能“辅”德的问题。

在刚刚上任大司寇没几日，孔子就“诛”乱政者少正卯。典籍中记载的“诛”不是把人杀掉，而应是“惩罚”或者“讨伐”的意思。《说文解字》说：“诛，讨也。从言朱声。”段玉裁说“发其纷纠而治之曰讨”，也是以言语而论的。“诛”为形声字。朱，红。“诛”之本意，应是表示争论得面红耳赤的意思。孔子把自己的行为称之为“君子之诛”，实际是从言论、思想上抨击，类似于“君子动口不动手”，或者就是现在常说的“口诛笔伐”的“诛”。少正卯的身份属于“大夫”，他以言乱政，看起来只是观念上的分歧，似乎不是什么大事，但实际他却“心逆而险”，危害极大。孔子清楚地看到了这一点，所以及时采取措施，加以制止。

正如“有文事必有武备”那样，道德必须有法制的保障。一次，孔子弟子闵子骞向孔子问政，孔子开门见山地提出，为政治国要“以德以法”，孔子还说：“德法者，御民之具。”把“德法”看成治国的根本。这里的“法”是“礼法”之“法”，有法则、法度、规章之义，与今天所说的“法制”之“法”有一定区别，故孔子将“德法”与“刑辟”对举。在孔子的心目中，人人遵守法度十分重要。

《孔子家语·刑政》篇记载孔子说：“太上以德教民，而以礼齐之。”这个“礼”自然就是法度。孔子接着说：“其次以政焉导民，以刑禁之，刑不刑也。”用行政的方式加以引导，但这样的引导必须是有效果的，它以“刑”的处罚作为一道防线，必须令行禁止。孔子接着又说：“化之弗变，导之弗从，伤义以败俗，于是乎用刑矣。”在这里，刑之用以德为前提，刑适用于愚顽不化、不守法度的人，这就使德政得到了充分保障。

在《孔子家语》的《执辔》篇中，孔子把治国比喻为驾车，而把德法看作统御的工具，说：“夫德法者，御民之具，犹御马之有衔勒也。君者，人也；吏者，辔也；刑者，策也。夫人君之政，执其辔策而已。”接着，孔子论述自己对“古之为政”的看法，具体谈论了他对德、法关系的认识。其实，在孔子的政治思想体系中，治国不可不有“德法”和“刑罚”，刑以止刑，刑以佐教，宽猛相济，这是孔子的一贯主张。它赞赏的治国效果是“有罪者惧，无罪者耻”，这就是他所说的“有耻且格”。刑之设不独为刑，更在于止刑，惩恶不是终极目的，劝善才是最高宗旨。但是，不能惩恶，如何劝善？所以，德政与刑政的关系也就像孔子所说的行政中的“宽”与“猛”的关系，孔子说：“政宽则民慢，慢则纠之于猛。猛则民残，民残则施之以宽。宽以济猛，猛以济宽。宽猛相济，政是以和。”

由此，孔子的思想就很明确了，“宽猛相济”绝不意味着没有边界的“宽”，它离不开“猛”之“济”，如果“猛”不能“济宽”，这样的“猛”就没有意义。在孔子看来，为政治国应当法令一贯，刑狱适当。一个好的执法者应当慎重使用刑狱，尽量广施教化，注意防止犯罪，使人们远离刑狱，从根本上杜绝刑狱。那么，这里需要认真考虑的，就是如何使“知法者能远狱”。孔子说得好：“能远于狱，其于防深矣。”又说：“《书》曰‘维敬五刑，以成三德’，言敬刑所以为德矣。”所谓“敬刑”，就是“刑”要有力量、起作用，要充分发挥它“济宽”与“辅德”的作用。

一张一弛，文武之道

说到儒学，有人往往将它与"柔弱""文弱"联系起来，仿佛孔子也是一位文弱书生，这是一个很大的误解。如果走近孔子及儒学，我们就很容易发现其阳刚、勇武、强大的一面，就像孔子说"仁者乐山，智者乐水"那样，他主张的理想人格是"既仁且智"。所以，孔子说"一张一弛，文武之道也"。

有一次，子贡观看年终的蜡祭。孔子问他是否觉得有乐趣。子贡说："整个国家的人都像发狂似的，我不理解有什么乐趣。"孔子说："他们辛苦了一年，才享受这一天的快乐，得到这一天的恩泽，这不是你所能体会得到的。"孔子又说："总是紧张而不放松，即使文王、武王都做不到；总是放松而不紧张，那又是文王、武王所不做的。该紧张时紧张，该放松时放松，这才是文王、武王治理天下之道啊！"无论孔子思想，还是其他儒家人物的学说，面对的都是活生生的现实，都是具体生动的实际生活。不要以为孔子及儒家人物总是板着面孔，不要一提起传统文化就感觉是揖让进退、有板有眼、不苟言笑的做派。

孔子学说及儒家思想代表了中华民族的博大智慧，其说到底就是关于仁义和平的理论，这不是对孔子的曲解。只是我们不能不知道，达致和平必须依靠修齐治平的理论体系，刑政法制也是为了社会和谐、天下安宁。据考证，“儒”类似于一种职业在殷商时期已经存在。甲骨文中的“儒”是以水冲洗沐浴濡身之形。《礼记·儒行》中说：“儒有澡身而浴德。”《孟子》中也说：“虽有恶人，斋戒沐浴则可以祀上帝。”古代的儒在祭祀、相礼等仪式中常常斋戒沐浴，所以原始的“儒”字作“需”或“濡”。《说文解字》说：“儒，柔也。术士之称。”后人解释说：“儒行者，以其记有道德所行。儒之言，优也，柔也；能安人，能服人。又，儒者濡也，以先王之道能濡其身。”可见，儒之“柔”与儒之“刚”相辅相成，乃是一体的两面。

有人问子贡：孔子的学问从哪里学来的？子贡说，孔子“学无常师”，他无时无处不在学习。子贡说：“贤者识其大者，不贤者识其小者。莫不有文武之道焉。”贤能的人抓住根本，不贤的人了解末节，文武王之道无处不在。孔子追求天下大同、社会和谐，希望人人循礼而动、厚德载物，这同样需要刚健有为、积极作为。孔子提倡仁义和平，但“志士仁人，无求生以害仁，有杀身以成仁”，“仁”比生命更宝贵，为成就“仁”，可以不顾生命。

孔子也谈“无为”“无所争”，这与老子所说的“无为”乃“无不为”“为无为”一样，是“为之于未有，治之于未乱”，“无为”不是无所作为，“不争”也不是啥事都无所谓。孔子说“君子无所争，必也射乎”，君子本来没什么可争的，如果一定要有的话，那就是比赛射箭吧。这不是角力斗勇，而是看谁心境平和、适度中正。

孔子及儒家重视人的培养教育。在周代，人生八岁而入小学，礼、乐、射、御、书、数等“六艺”乃一般人都要学习的“小学”，孔子精通射、御自不在话下。在现实中，孔子头脑清醒，决不迂腐，无论什么时候，不论遇到什么艰难险阻，他总是义正词严、刚毅勇武。他也懂得“文事”与“武备”之间的关系，齐鲁夹谷会盟时，他就力主带兵前往，做好各种准备，使齐国阴谋未能得逞。

孔子主张和平，反对战争。战争是“国家大事”，自然为时人所重，但孔子反对专注于兵战，他的理想是“城郭不修，沟池不越，铸剑戟以为农器，放牛马于原薮，室家无离旷之思，千岁无战斗之患”。但孔子知道，治理邦国，应力求“足食”“足兵”“民信”。“民无信不立”，“民信”尤其重要。他反对专注于兵战，但战争有时却不可避免，孔子清醒地认识到："以不教民战，是谓弃之。"让未经过训练、不懂得战争之术的老百姓上战场，无异于抛弃他们。一次，孔子弟子冉有带兵打仗取得胜利，有人问他关于军旅的知识从哪里学来的，他说"学之于孔子"。冉有认为孔子之学无所不包，"文武并用兼通"。

在孔子的知识与学说体系中，战阵、射御之功毕竟仅占次要位置。在当时的社会环境下，孔子主张恢复礼乐政治，希望将礼坏乐崩的社会重新纳入上下和谐的良性轨道。他厌弃诸侯国滥施刑罚与战争杀伐，绝不肯同流合污、为其帮凶。因而《吕氏春秋》在记载"孔子之劲，举国门之关"的同时，也明确指出孔子"不肯以力闻"。不过，这绝不意味着孔子只能做"文弱"的教书先生，事实上，刚健进取一直是孔子思想的主旋律。

为政未必有其位

孔子从事教育，培养的是为政治国的人才，其弟子也说过“仕而优则学，学而优则仕”之类的话，于是有人问孔子：您为什么不参与政治呢？孔子回答：“《书》云：‘孝乎惟孝，友于兄弟，施于有政。’是亦为政，奚其为为政？”在他看来，将孝悌之道影响到为政的人，也应该是参与政治，不一定非要做官才是参与政治。

学习诗书，明理知耻，奉行孝悌之道，应该是有情怀、有关切之人的共同追求。西周春秋时期，士人的学习往往从诗书开始，《孔子家语》记载，孔子施教“先之以诗书”；他还教育儿子说“不学诗，无以言”，“学诗”也是代指“学习诗书”。孔子常常引《诗》引《书》表达自己的观点。在上文中，他取《尚书》之言，强调一个人应该孝敬当孝之人，这个当孝之人自然是自己的父母亲，同时还要做到兄弟友爱。在孔子看来，如能将孝悌之道影响到卿相大夫等为政者，也应该就是为政了。

这种主张乃是基于孔子的“公天下”观念。孔子的社会理想是“天下为公”，这个“公”未必是人们通常理解的“高大上”的大公无私、公而忘私，而是指人的公共意识、公共道德。孔子和早期儒家一贯主张人应该奉行忠恕之道，推己及人，做一个合格的社会人。天下不是哪一个人的天下，国家是全体国民的国家，应该推动社会群体共建共担社会道德责任。既然人人都是社会的一分子，我们就应该有对社会的基本关切，而不应该置身“世”外，更不能只强调自己的权利，而不尽社会责任与道德义务。

从孝悌之道出发做普通人，才是合格的社会人。社会人当然都是普通人，但换一个角度看，做一个合格的社会人需要一定的人格素养与人生境界。在孔子心目中，圣人也是普通人，但他们“德合于天地，变通无方；穷万事之终始，协庶品之自然，敷其大道而遂成情性”，虽然“下民不知其德，睹者不识其邻”，但他们有强烈的公共意识，有满腔的社会关切，他们有爱有敬，他们的“不普通”也许就体现在他们的普通言行之中。

孝悌之道说的是“爱”和“敬”。世界上最不可或缺的就是爱与敬，许多不良社会问题产生的根源也在于缺少爱与敬。儒家最强调两个方面：一是仁爱精神，二是敬畏观念。孔子说："立爱自亲始"，"立敬自长始"。孔子及儒家强调孝悌，以之为做人的根本，强调爱敬之心的培养。鲁国国君向孔子问政，孔子说："爱与敬，其政之本与！"爱与敬，恰恰也是治理政事的根本。治政与做人，二者高度一致，自己立足孝悌为人处世，再以孝悌"施于有政"，这不就是"为政"吗？

孔子对"为政"之"政"表述得分外明确。他说："夫政者，正也。君为正，则百姓从而正矣。君之所为，百姓之所从。君不为正，百姓何所从乎？"又说："苟正其身矣，于从政乎何有？不能正其身，如正人何？"又说："其身正，不令而行；其身不正，虽令不从。"还说："政者，正也。子帅以正，孰敢不正？"孔子斯言，给人以明确的启示，不论身处何种岗位，不论是否承担管理职能，每个人都应该循正理、走正道。正理正道无他，就是由孝悌而生发的爱与敬。一个人如果关心社会，关心政治，就应该先具爱敬之心，首先以孝悌律己推己，由此影响到更多的人。每一个人都是社会的一分子，自己做好了，社会就多了一份正能量。孔子说"求仁而得仁，又何怨"，一个人心系苍生，关注政治，希望闻道行道，他就会多一份付出、少一份指责，多一份行动、少一份埋怨。若人人遇事自觉修身，人人学会自省自励，国家就不难做到政治清明、社会和谐。

说到这里，我们很容易想到孔子所说的“不在其位，不谋其政”，在《论语》中，这句话出现过两次，乃孔子论为政之理。为政未必有其位，是说以克己修己而“施于有政”；不在其位不谋其政，是说不在其位不谋其位之政，也即有其位必谋其政，正己正人而恪尽职守。在其位，谋其政，乃为政之通则。不在其位而谋其政，反易生祸乱。《易》曰“君子以思不出其位”，曾子也引用此语解释阐述孔子的“不在其位，不谋其政”。孔子说“君子上达”，又说“耻恶衣恶食者，未足与议也”，作为执政阶层的一员，每一位士君子都应该心怀天下，而不能胸无大志，不能斤斤于一己私利。

总之，任何一个人都应思担当，考虑到自己是一个社会的人，在正身修己的基础上，发挥出自己对社会国家的有益影响。孔子强调以孝悌之道“施于有政”，其本意即在于此。

驾车可以喻治国

无论治理天下、管理国家，还是统辖一域、管理一方，为政者很像是在驾驭马车，施政管理有效则好像马车跑得又稳又快。《诗经·郑风·大叔于田》有"执辔如组，两骖如舞"一句，一般指善于驾驭马车，意思是手握缰绳如同持丝带，车旁两马像跳舞一样整齐前行。孔子常引此诗比喻治国，在孔子看来，参透了驾车的原理，就把握了治国之道。

在原诗中，"执辔如组，两骖如舞"所描述的是驾车的姿态。驾车之马一般有四匹，四匹马的缰绳像丝带一样总收在一起握在驾车人手中，两面的骖马同服马行进谐调一致，像跳舞一样整齐。马就像按照驾车人的意识在行动，简直出神入化。这正像《淮南子·览冥训》中说的王良、造父驾车，"上车摄辔，马为整齐而敛谐，投足调均，劳逸若一，心怡气和，体便轻毕，安劳若进，驰骛若灭，左右若鞭，周旋若环"。为政者如果了解治国之道，使治国达到了一定的境界，也就像这样驾车一样完全得心应手。所以，孔子对这一诗句格外重视，《孔子家语·好生》记孔子说："为此诗者，其知政乎！"《吕氏春秋·先己》记孔子说："审此言也，可以为天下。"

有一次，孔子与子路讨论治国问题。孔子以殷商败亡与周朝兴起为例，说明"仁人之君，不可失也"的道理。他说，当人民自愿追随好像赶集一样踊跃时，那么还有什么样的外来欺凌不可战胜呢？孔子认为，这就像诗中说的："执辔如组，两骖如舞"，执组的人手握散乱的丝缕，那头便织出了各种各样的花纹，也就是说在此处行动却能影响远处。国君若用这个方法治理国家，怎么可能不化育天下呢？

孔子去卫国时，与卫将军文子讨论听狱断案的问题，孔子认为理想的状态是"有罪者惧，无罪者耻"，他说："齐之以礼，则民耻矣；刑以止刑，则民惧矣。"以礼义作为规范，能使百姓知耻，能使更多的百姓免于处罚。这其实是孔子的一贯主张，与他所说的"道之以德，齐之以礼，有耻且格"内涵一致。但是，文子不解，在他看来，用刑法作为行为规范尚且无法减少犯罪，如果仅用礼义能行得通吗？孔子解释说：治国就像驾车，以礼义做行为规范来教化百姓，就好比驾车时用缰绳；用刑法做行为规范来约束百姓，就好比驾车时用鞭子。手牵动缰绳，马就知道如何行动，这是驾车的好方式。

如果不用缰绳引导而只是用鞭子抽打，马就可能迷惑而不知道该怎么办了。

文子也用驾车来比方：右手抓着缰绳，左手拿着鞭子，马不是跑得更快吗？如果只用缰绳而不动鞭子，马还知道畏惧吗？孔子耐心解释说："古之善御者，执辔如组，两骖如舞，非策之助也，是以先王盛于礼而薄于刑，故民从命。今也废礼而尚刑，故民弥暴。"古代善于驾车的人不是只用鞭子才让马跑得又快又稳，古代先王也是格外重视礼义，而把刑罚放在次要位置，所以百姓乐于服从命令。如今废弃了礼义，却对刑罚格外重视，所以百姓更加凶暴了。

怎样做到"齐之以礼"？孔子有很多精到的论述。《孔子家语》中有《执辔》篇，专门记述孔子以驾车比喻治国的道理。弟子闵子骞问政，孔子回答要"以德以法"。孔子说："夫德法者，御民之具，犹御马之有衔勒也。君者，人也；吏者，辔也；刑者，策也。夫人君之政，执其辔策而已。"孔子强调德政礼治，把"德法"看成治国的根本。这里所说的"法"有法则、法度、规章之义，"德法"其实就是礼治，故孔子将"德法"与"刑辟"对举。孔子是德治论者，在此他同样以驾车比喻治国，而把"德法"看作治理国家的关键，这与今天通常所说的以德治国与依法治国相结合是一致的。

由此我们想到郭店楚简中的一句话："上不以其道，民之从之也难。是以民可敬导也，而不可掩也；可驭也，而不可驱也。”驾驭，就是引导。如何引导？孔子说，“善御马”与“善御民”道理一样，古代的圣王之所以“御天下数百年而不失”，在于其“以内史为左右手，以德法为衔勒，以百官为辔，以刑罚为策，以万民为马”。孔子又说：“善御马，正衔勒，齐辔策，均马力，和马心，故口无声而马应辔，策不举而极千里。善御民，壹其德法，正其百官，以均齐民力，和安民心，故令不再而民顺从，刑不用而天下治。”

翻开相关典籍，以驾驭马车比喻治理国家的说法很多。例如《尚书》中就记有大禹训诫子孙的话：“予临兆民，懔乎若朽索之驭六马，为人上者，奈何不敬？”他特别强调“敬”，认为治理民众就像用腐坏的绳索驾驭飞奔的马车，因此要谨慎戒惧。孔子同样把“敬”看作治理政事的根本，他说：“爱与敬，其政之本与！”做到“敬”，从政者修身正己以为万民表率极其重要。孔子在“执辔如组”一语中品味出修己的意义，说：“得之于身者得之人，失之于身者失之人。不出于门户而天下治者，其惟知反于己身者乎！”正所谓“君子敦于反己”，做好修己正身的功夫，也就像握好了缰绳，“动于近”而“行于远”，如《吕氏春秋·先己》中所记孔子说：“为之于此”而“成文于彼”，“圣人组修其身而成文于天下”。

爱民如子不容易

如何从政为官？怎样为政以德？孔子的相关论述很多，像“政者，正也”“尊五美，屏四恶”皆是。其实孔子还有一个很重要的表述，好像人们并不理解，且尚存不少争议，这就是“民之父母”这个概念，它也是“父母官”说法的真正渊源。

在孔子的心目中，好的从政者对待百姓，要像父母对待子女那样，有一种实实在在发自内心的关切。鲁哀公请教为政问题，孔子说：“政之急者，莫大乎使民富且寿也。”让老百姓富足、长寿才是最急迫的。减少劳役，减轻赋税，百姓就会富足；敦促其学习礼教，远离罪恶疾病，百姓就会长寿。哀公想这样做，却又担心国家因此而贫困。孔子便引述《诗》中的句子“恺悌君子，民之父母”，说明和乐平易的君子是老百姓的父母，没听说过儿女富裕而父母贫穷的。孔子认为，为政的最佳状态，最好的君民关系，就像是家庭中父母与子女关系的放大，所以建议哀公不必担心。

上海博物馆藏战国楚竹书中就有一篇被定名为《民之父母》的珍贵文献，是弟子子夏请教孔子《诗》中“恺悌君子，民之父母”一句引发的思考。孔子认为为人君者就应像老百姓的父母，只有如此，为政才会达到理想效果。这一文献还见于《孔子家语》和《礼记》，可见其流传之广、影响之大。其实，《诗》《书》等典籍中多有对“民之父母”“若保赤子”的阐发与论述，要求为政的君子对待老百姓要像父母关心子女一样，要像父母养育婴儿那样用心。

何以把和悦平易、亲民近民的为政者视为“民之父母”？孔子解释说：民之父母“必达于礼乐之原”，“四方有败，必先知之”。作为百姓的“父母”，为政者必须通晓礼乐的来源，任何地方发生了祸患，必须首先知道。“儿行千里母担忧”，“寒露秋风再相嘱”，父母之于子女是无私的，有一种天然的、自然而然的情感。父母总是牵挂子女，把子女的冷暖记在心头，为政者如果这样做了，一定会受到民众爱戴。

中国传统的“大学之道”，希望培养的就是勇于担当的人，就是由衷关心民众的人。《大学》中在引《诗》“乐只君子，民之父母”之后，说：“民之所好好之，民之所恶恶之，此之谓民之父母。”在引《康诰》“如（若）保赤子”之后，说：“心诚求之，虽不中，不远矣。”作为百姓的父母官，必不可少的就是"真诚"，只要以民心为己心，想民之所想，急民之所急，就能获得民众的爱戴。相反，如果像《孟子》中所说的那样，为政者生活奢侈腐化，百姓们却食不果腹、面有饥色，这样为政，就相当于率领着禽兽来吃人。兽类自相残杀，人尚且厌恶它们，主持政事者却不能免于率兽吃人，那又怎么能做老百姓的父母官呢？

做民众的表率，为百姓造福，这是为政者的使命。《尚书·泰誓》中记周武王说："天佑下民，作之君，作之师，惟其克相上帝，宠绥四方。"就是说，上天爱护下民，为民立君以安民，为民立师以教民。而为君为师者，应当协助上天安抚天下百姓。还说："惟天地万物父母，惟人万物之灵。亶聪明，作元后，元后作民父母。"天地是万物的父母，人是万物中的灵秀，那些最聪明的人就做君，成为民之父母。这样，他们就应当以父母爱护子女之心对待民众，保护养育他们。后来儒家提倡"民之父母"的政治观念，就是提倡为君者要充满真情，实实在在以民为本。

在古代，人们习惯把在地方从政的人尊称为"父母官"，期望他们爱民如子，主持正义。然而在今天，它俨然已成为过时的称谓，一提到它，我们就自然地认为它是"封建时代的产物"，以为它缺乏平等意识和自由理念，与"现代性"格格不入。2009年的新版《辞海》中删除了"父母官"一词，不少人撰写文章，潇洒地挥别这一概念。其实，如果了解早期儒家的深沉思考，明白它的丰富内涵与本来意义，我们就知道它不仅包含为官清廉、勤于职守、为民造福之义，更重要的是它是为政以德的修养方法。把从政做官与为人父母联系起来，符合中国传统文化修己安人、推己及人的思维逻辑与行为方式。在现实中，虽然的确有一些为官从政的人有“老爷作风”，令群众生厌，但我们也不能因噎废食，因此而简单地让“父母官”退出历史舞台。

孔子说“立爱自亲始”，我们的先圣先贤之所以提倡“孝道”，是因为他们是从人性与人的价值出发，从父母对于子女的天然的情感出发，中国传统伦理大厦的根基就在于此。要真正做到“爱民如子”并不容易，作为社会的管理者，为官者对百姓颐指气使并不难，难的是像关心、惦念、牵挂子女一样，把老百姓时时记挂在心。

为政之要在知民

在孔子那里，社会管理者应该怎样对待臣民，是积极主动地“知民”，还是采取“愚民”政策，这似乎是很清楚的事情，因为《论语》中明确记载了孔子的话：“民可使由之，不可使知之。”这句话一般理解为，只要让老百姓按照统治者指引的道路走，不需要让他们知道这是为什么。若如此理解，不言而喻，这是典型的“愚民”言论。

其实，孔子的本意并非如此。单就孔子此语而言，的确存在很大争议。争议的焦点集中在对该句如何句读上。长期以来，人们大都沿用“民可使由之，不可使知之”的句读方式，古人何晏、邢昺，今人杨伯峻等都持这种观点。如果真是这样，后来许许多多的学者对孔子此语采取批判态度就完全可以理解了。

然而，出土文献的问世让这句话终于有了被重新理解的机会。1993年，湖北荆门出土了郭店楚简，其中有《尊德义》一篇，对正确理解孔子思想具有重要价值。该篇简文记载说："尊仁、亲忠、敬庄、归礼，行矣而无违，养心于子谅，忠信日益而不自知也。民可使，道之，而不可使，知之。民可导也，而不可强也。"这里强调，为君者要培养爱人之心，尊重贤人，亲近忠信之人，行为不违背人的本性，都是教君向善之语。

值得注意的是，这里的"民可使，道之，而不可使，知之"，应该承上而这样断句，不能断作"民可使道之，而不可使知之"，因为这里强调的是对"民"的引导。从句式上看，"民可使由之，不可使知之"应该一样。既然这里不可能是教君如何愚民，那么，"民可使由之，不可使知之"也应该用"民可使，由之；不可使，知之"的句读来理解。楚简中所谓的"道"与《论语·泰伯》中的"由"相对应，"道"即是"由"之意。通过这句话我们看不到孔子有任何愚民的思想，相反，却看到了孔子教民、爱民、以民为本的思想。

孔子爱民，主张对"民"采取教化的态度，如："道千乘之国，敬事而信，节用而爱人，使民以时。"治理大国，应当恭敬从事，诚信无欺，节约用度，爱护百姓，征用劳力应当不违农时，由此可见孔子具有爱民之心，强调国家在使用民力时要照顾到百姓的生产生活。孔子还主张藏富于民，主张在使百姓富裕的基础上对民众进行教化。读《论语》等典籍中孔门师徒的问答，处处可见孔子对民众的关爱，这与所谓“愚民”主张丝毫不搭界。

诚然，孔子以民为本的思想并不是与生俱来的，它是孔子基于其对民情、民性的认识而提出的。在孔子看来，君子治理国家的前提是要做到知民情、懂民性，即要了解百姓疾苦，从百姓实际出发，由此制定的国家政策才能得到百姓拥护。如果执政者想为民所想，急为民所急，百姓自然会听从其命令；相反，执政者如果背离百姓意愿，则会招致百姓的怨恨，百姓即便表面上顺从，内心也将产生憎恨，长此以往，必将出现邪僻行为，最终导致国家的败亡。

其实，文献中还有不少材料可以作为孔子对民思想的旁证，例如，《孔子家语·入官》中记载有孔子这样的话：“君子莅民，不可以不知民之性而达诸民之情。既知其性，又习其情，然后民乃从命矣。”这里强调为君者要了解百姓，“知民之性”“达诸民之情”，即对民众要“知之”，只有这样，才有可能得到民众的支持。

这个道理比较简单，历史上这样的例子也有很多。在刚出土的一批战国竹简中，发现有周文王告诫儿子的临终遗言。文王举舜的例子说明当年的圣王为什么能够做得好。他说，舜“久作小人，亲耕于历丘，恐求中，自稽厥志，不违于庶万姓之多欲”，他长年在民间耕作，能够了解民生疾苦，所以他能“顺民情”，从而掌握了国家管理的“中”。

从西周初年以来，“敬德保民”已经是政治思想的主流。孔子“宪章文武”，崇拜周公，重民、保民的思想在孔子头脑中可谓根深蒂固。纵观孔子的政治思想，他的确特别强调国家治理中的以民为本，他真正看到了民众对国家的价值，从而强调执政者要引导百姓发挥他们的善性，以保证社会的和谐与安宁。

"孔子的叮咛"之四十一

人道之"正"在于"政"

孔子所处的时代，天下无道，礼坏乐崩，社会乱象丛生，人们行为失范，"臣弑其君者有之，子弑其父者有之"。那么，怎样使天下归于正道，使人心归于正途，这正是孔子思考的核心问题。于是，孔子的着眼点落在了"政"上。

打开《论语》和《孔子家语》，我们就很容易发现孔子对于"政"的格外重视。《论语》在开篇总体谈论修身做人的问题之后，接着就是《为政》篇，由此开启了全书对为政问题方方面面的讨论。《孔子家语》的开篇则是《相鲁》，记述孔子在鲁国的政绩，首先给人展示了其作为"政治家"的形象，显示了孔子卓越的治世才能。所以，《论语》和《孔子家语》的编者一定十分了解孔子思想的深层结构，理解孔子思想中"政"的核心与主导地位。

有一天，鲁哀公请教孔子："人道中最重要的是什么？"孔子闻听此言，面色变得十分严肃。在孔子看来，这个问题太重要了！所谓人道，无非是指社会要求人们遵循的道德规范。作为一个国家的君主，哀公能够思考并且谈到这个问题，那当然真是百姓的福惠了。所以孔子才“愀然作色”，说自己怎能不认真地回答呢。

那么，孔子是怎样回答的呢？孔子说：“人道，政为大。夫政者，正也。君为正，则百姓从而正矣。君之所为，百姓之所从。君不为正，百姓何所从乎？”孔子一语破的，直接明了，简直说到根本上了！人道最重要的就是“政”，“为政”就是“为正”，人不见“正”，何以端正？政治，首先要讲“正”，君主“正”则百姓跟从而“正”。百姓效法学习君主的作为，君主不能做到“正”，百姓学习什么呢？

孔子这些话也说明了为学的目的性。人组成了社会，为政则是全部社会系统的撬动点。当今之世，社会分工更加细化，人们行业不同，各司其职，都是为了天下的安宁与发展。所以，人之学与仕不可分离，子夏说：“仕而优则学，学而优则仕。”仕不离学，学不离仕。学仕一体，互为本末。超凡脱俗固然是一种人生境界，但人们却难以绝对地超然物外。孔子说，“鸟兽不可与同群”。人系人，故与之仁。人当自明我道以救大伦。圣人之仁，甚至不以天下无道而弃之。

孔子关于君主身正为范、为政以德的论述有很多，这都是为政者自身“正”的必要性与重要性使然。孔子说“君子之德风，小人之德草”，“子欲善而民善”，为政者明白“风行草偃”的道理，自己本身做好了，社会风气就必然有根本好转。于是，有人向孔子问政时，孔子开出了很多的良方，比如教以诗书、培养正确的信念、忠信踏实、“举直错诸枉”、临民以庄、使民孝慈、“举善而教不能”，等等。这些都是以为政者“正”为根本的。再比如，有人问政，孔子说“先之，劳之”，自己先做到勤政，然后再使老百姓勤劳，自己有勤政之劳，加之“无倦”不懈，民众就虽劳不怨。

明白了人道之“正”在于“政”，接着就是如何由“政”而“正”的问题了。天下有道即人道行，君王以“道”治民，首先要“内修七教”，七教修则天下安。何为“七教”？孔子说：“上敬老则下益孝，上尊齿则下益悌，上乐施则下益宽，上亲贤则下择友，上好德则下不隐，上恶贪则下耻争，上廉让则下耻节，此之谓七教。七教者，治民之本也，政教定，则本正也。凡上者，民之表也，表正则何物不正？”孔子依然在强调“人君先立仁于己”。

孔子及儒家强调“正名”，同样也是上行下效的问题。为政先要正名，正名的具体内容就是“君君、臣臣，父父、子子”。人在社会上都具有不同的身份与角色，人们应该遵守各自不同身份的行为规范，履行应尽的责任和义务。要知道，孔子及儒家讲“君仁臣忠”“父慈子孝”，先君后臣、先父后子强调的是“君”“父”的引领意义；其实，长期以来为人们诟病的“君为臣纲”“父为子纲”，又何尝不在首先强调“君”与“父”的担当与责任？正是在这样的意义上，孔子才说：“名不正则言不顺，言不顺则事不成，事不成则礼乐不兴，礼乐不兴则刑罚不中，刑罚不中则民无所措手足。”为君、为政者首先“其身正”，才能使民知所措，天下有道，社会渐臻理想境界。

以正为政则无不正

从事管理的人思考管理之道，有的徘徊于东方西方之际，有的纠结于德政法治之间。其实，孔子早就给出了方法，且简单明了，那就是一个字——正。孔子说得明白：“政”就是“正”，只有为政者正，才能引导天下的正。

有一次，鲁哀公问政，孔子说：“夫政者，正也。君为正，则百姓从而正矣。君之所为，百姓之所从。君不为正，百姓何所从乎？”又有一次，季康子问政，孔子说：“政者，正也。子帅以正，孰敢不正？”无论国君还是大臣，都应当发挥表率作用，都要尽力做到“其身正”。为政者本人做好了，百姓就容易受到熏陶，这就是“上行下效”。孔子类似的话很多，例如，“苟正其身矣，于从政乎何有？不能正其身，如正人何”，“其身正，不令而行；其身不正，虽令不从”。为政者何以要“正”，这里都说得十分明白。

在我国古代，“政”与“正”往往通用。政，就是端正。

为政者自己带头端正了，百姓谁还会不端正呢？对孔子及儒家思想稍有了解的人都知道，“君子”一词蕴含着对为政者更高的要求，因为责任大，所以要求高。古代“大学”是“大人之学”，大学培养有格局、有情怀、有担当、有境界的社会管理者，“大学之道”使人们格物明理、正心诚意。如此，他们就会“明孝仁礼义”，用以导习世风；同时还要“逐去邪人”，使人不见恶行。《大戴礼记》中说得好：“夫习与正人居，不能不正也。”当社会上明德向善的人越来越多的时候，人们就“目见正事，闻正言，行正道，左视右视，前后皆正人”，就有了良善的社会风气、美好的社会政治。

为政者要重视教育，是因为教育对于人心之“正”具有关键的意义。“德成而上，艺成而下”，知识就是力量，力量需要方向，有了人心之正这个方向，才智才会发挥积极作用。孔子的儒学教育体系的起点或核心就是“正心”。《孔子家语》中说“孔子之施教也，先之以诗、书”，《大戴礼记》中说“夫子之施教也，先以诗”，孔子重视诗教，正如他本人所说：“诗三百，一言以蔽之，曰‘思无邪’。”“思无邪”就是“归于正”，真正理解了《论语》成书的特点，就知道其篇与篇之间、章与章之间都存在着密切的关联，就知道《为政》篇何以在首章“为政以德”之下接着就谈“诗三百”“思无邪”了。很显然，孔子无论谈施教，还是谈以德为政，都强调首先端正人心。

何谓“正”？先来看它的字形，《说文解字》中解释得很明白：“一以止。凡正之属皆从正……古文正，从一足。足者，亦止也。”正，从结构上讲，上边是“一”，下部是“足”或“止”，所以有人理解为“守一以止也”。孔子对曾子说过“吾道一以贯之”，还说过礼“本于太一”。在孔子的思想体系中，太一是世界或宇宙的本体，天地、阴阳、男女、夫妻、父子、君臣……这一对一对的“一”都被一一化生出来。既然世间的事物说起来都是一个个的“一”，如果落实到处理人际关系上，就应该“守一”或“抱一”，做到“守一”而“知止”，或“守一以止”，这也就是“正”了。

说到这里，我们就明白为什么说“以正治国”了。《大学》中说“知止而后有定”，《中庸》中说“道前定则不穷”，这恐怕都是孔子“一以贯之”的“一”。孔子的“正名”主张就是希望人们知止守正，希望世人明其分，尽其力，“为人君，止于仁；为人臣，止于敬。为人子，止于孝；为人父，止于慈”。老子说“营魄抱一”，说“道生一”。无论在老子还是在孔子那里，“一”都属于道的层面，是本源，是本性，是起点，都意味着系统的思考、整体的思维，都要求统筹兼顾，不顾此失彼。老子又说：“昔之得一者，天得一以清，地得一以宁，神得一以灵，谷得一以盈，侯王得一以为天下正。”

天下要正，侯王首先要“为”正，要“得一”而“守一”。侯王守一以止而正，与孔子所说的为政者先正其身完全一致。所谓修身，不就是“正其心”的功夫吗？这就是老子和孔子“一”的格局。

外面的世界很精彩，人很容易为外物所“化”。既然“物之感人无穷”，人就不能“好恶无节”。因此，治国要以“正”为标准，这是治国的根本。为政者以“正”引领而“为天下正”，为世人做出示范，则社会的“正”就不难实现了。

善政行易，善政不贪

孔子晚年回到鲁国，常与哀公论政。一天，哀公觉得孔子谈过很多道理，教导已经不少了，可是具体该从哪儿着手去做呢？孔子回答很干脆，希望他从孝悌入手："立爱自亲始，教民睦也；立敬自长始，教民顺也。"教以爱敬，百姓睦顺，措诸天下，则无所不可。治理天下虽然复杂，但人都有父母兄弟，那么就从对待父母、兄弟开始吧。因此孔子所说的一句话很重要，即善政行易，善政不贪。

为何善政"行易"？因为善政"易行"。行易，做起来简单、容易。复杂的事情都由简单的构成，好的政治也可从简易、容易处入手。善政一定"不贪"，不贪大、不贪多，贪大喜功就难稳健持重，贪多务繁可能会顾此失彼。《孔子家语·入官》篇记孔子说："善政行易而民不怨。""行"是为政之始，好的政令民众执行起来就容易，就不会产生抱怨。比如，为政者从自身做起，他遵守法度，百姓就自觉效法；

他办事英明，百姓就加以显扬。为政者出善言、做善事，好的言论天天听到，好的行为不断看到，好的政治就不难实现。为政者做好仪范，执政官吏做好表率，百姓就不会放诞无忌，社会就不会混乱失序。

善政行易、善政不贪的道理可不简单，不然孔、孟、老、庄就用不着不厌其烦地谈论“大道至简”之类的道理了。老子说：“天下难事，必作于易；天下大事，必作于细。”又说：“合抱之木，生于毫末；九层之台，起于累土；千里之行，始于足下。”孔子说：“君子之道，辟如行远必自迩，辟如登高必自卑。”他赞赏的态度是：“知不务多，必审其所知；言不务多，必审其所谓；行不务多，必审其所由。”这些看似朴素的论述的背后，隐含着深刻的道理。孔子、老子希望人们明白“序”，看到“远”，望见“高”；希望人们洞察细微，“为之于未有，治之于未乱”。这其中蕴含的是人生的境界。

孔子有一句话：“民可使，由之；不可使，知之。”不少《论语》注译本将其句读为“民可使由之，不可使知之”，认为这是孔子的“愚民”主张。我们认为，恰恰相反，这句话不仅不是“愚民”主张，反而是“重民”主张，正表明孔子注重民情与民性。这不仅有新出土战国竹书的印证，而且《孔子家语》中一段孔子的话也可用以佐证：“君子莅民，不可以不知民之性而达诸民之情。既知其性，又习其情，然后民乃从命矣。”孔子接着说：“故世举则民亲之，政均则民无怨。故君子莅民，不临以高，不导以远，不责民之所不为，不强民之所不能。”在官位的君子管理民众，要贴近百姓，要从百姓的实际需求出发，不能高高在上，也不能远离百姓，不要求百姓去干他们不愿做的事情，不强迫百姓干他们不能做的事。

西周初年，政治家就特别注重社会管理中“度”的把握，今本《逸周书》的第一篇就是《度训》，其中说：“凡民生而有好有恶，小得其所好则喜，大得其所好则乐，小遭其所恶则忧，大遭其所恶则哀。凡民之所好恶，生物是好，死物是恶。”这里讲的是顺民之好恶，讲的是立中补损，从而度小大、权轻重、明本末。老子、孔子也洞明天道，思远志广，知道“有无相生，难易相成”以及“道弥益而身弥损”和“成而必变”的道理。

孔子讲“善政行易”，当然不是一味求易，不是片面求简，他主张“居敬而行简”，而不是“居简而行简”。心存简约，还要依照礼的严格要求，理解事物的内在理路，在这样的基础上，力求简明扼要，果断利落，不能因追求简要而缺乏周密，不能因追求容易而做事粗心。推行政事简而不繁，不烦琐，不拖拉，这是为政的“度”，是为政的水准与高度。孔子说：“贪以不得，则善政必简矣。”一味地贪而不易，则善政简略不修，结果却适得其反。《度训》中所言“明王是以敬微而顺分”，就是说的关于“远迩备极”的“度”或方法问题。

见微知著，原始察终，繁中求简，一步一个脚印地做事，才能取得成效，这是儒家智慧的精华。《中庸》里说：“君子之道，暗然而日章；小人之道，的然而日亡。”有道君子不显山不露水，却踏实稳健，日益彰明；有人做事则雷声大雨点小，开始时声势浩荡，日久却渐归于停歇以至消亡。《中庸》里又说：“君子之道，淡而不厌，简而文，温而理，知远之近，知风之自，知微之显，可与入德矣。”明道有德的人有内涵，平淡而有意味，简朴而含文采，温和而有条理，懂得成就自己要立足于个人实际，清楚事情的隐微之处与来龙去脉，明白细小的事物发展变大之后的结果。

看来，不仅善政行易不贪，做人做事也同样如此！

无为才是大格局

说到“无为”这个词，人们首先会想到老子，认为它是道家思想的核心，似乎与孔子没有什么瓜葛。其实，在孔子学说中，“无为”同样占有极重要的地位，也是一个极重要的概念。只是在孔子心目中，能够做到“无为”非常不容易。作为孔子王道政治思想的概念，“无为”强调的是一个高境界，追求的是一个大格局。

“无为”，意味着“无争”或“不争”，二者是一致的。老子讲：“天之道，利而不害；圣人之道，为而不争。”孔子讲：“君子无所争。”老子所讲“无为”是“为之于未有，治之于未乱”，这不是无所作为，而是“为之于易为，治之于易治”，是一种更高层次上的“为”与“治”。孔子则把这种“为”与“治”具体化，其措施便是自身修养，自己方向明、行得稳、做得好，影响遂逐渐放大，以自身之“为”换来天下之“治”，求得社会“不争”。这便是孔子的“政者，正也”，是老子的

“以正治国”。

在孔子心目中，理想的儒者形象是“居处齐难”，即日常起居严肃谨慎。要静修自身，踏踏实实地做好自己，用孔子的话说，就是“言必诚信，行必忠正，道涂不争险易之利，冬夏不争阴阳之和”。孔子本人恰是这样，曾子曾赞叹说：“见人之有善若己有之，是夫子之不争也。”孔子见贤思齐，见善则学，见不善则对照自省。可见，如果君子有“争”的话，则争的便是谁更和善、谁更中正。

在联合国教科文组织总部大楼前的石碑上，用多种语言镌刻着一句话：战争起源于人之思想，故务须于人之思想中筑起保卫和平之屏障。人之所思所想十分重要，心中有和平，世上无争端。中国的礼文化要求人们明道修德，目的在于“决嫌疑”，在于“济变”“弥争”，在内心牢固地筑起“礼”的堤防。“圣人之治，化也”，若此，人们便能“自远刑罚”，“国无争者”，“少讼”，“无讼”，“刑措不用”。

王道政治是孔子心中的理想政治，孔子一生追求王道。尧舜等圣王“内修七教，外行三至”，这是“无为而治”的根本。孔子说：“凡上者，民之表也，表正则何物不正？”君主修身立己，以德治国，努力做到“爱人”“知贤”“官能”，就可以达到“内修七教而上不劳，外行三至而财不费”的客观效果，这种“不劳不费”的“明王”之道，正是儒家“无为而治”政治理想的具体化。“无为而治”是圣王境界，早期儒家继承并进一步阐发了这一思想。例如，孔子说：“无为而治者其舜也与？夫何为哉？恭己正南面而已。”只是到了汉初，经学化的儒学与当时流行的黄老思想形成对立，后儒逐步放弃了王道思想中的无为概念，“无为而治”遂主要被后人认为是道家的标志性概念。

但是，孔子及儒家的王道理想一直鼓舞着历代中国人，儒家的政治思想也不断地发挥着积极作用。中华文化自夏、商、周以来就追求以王道行天下，孔子继承发扬三代文化传统，常谈“王天下之言”，谈以“道”治国才能“致霸王”；孟子则言及“王”“霸”之别。霸道靠兵甲之力，使人被动屈服；王道则以德行仁，让人们心悦诚服。中国者，执中而立于天下，追求天下为公，安定四海，世界大同，故能以“和而不同”“立己达人”“成人之美”相尚。中华文明崇尚礼让，君子内心有王者情怀，由此能让则让，让于可让，也在原则面前当仁不让。

孔子的无为境界本于天道。鲁国国君请教孔子：“君子何贵乎天道也？”孔子说：“贵其不已也。如日月东西相从而不已也，是天道也；不闭而能久，是天道也；无为而物成，是天道也；已成而明之，是天道也。”“天道”与“人道”相对，天道指天体运行的现象和过程。东汉王充说：“夫天道，自然也，无为。”古人很早就在思考天道与人道的关系，人效法天道，也能达到“无为而物成”的国家治理或修已安人境界。从孔子的“知天命”“顺天命”、荀子的“制天命而用之”，到明末清初王夫之的“以人道率天道”，说到底都是讲遵循天道，在这样的基础上，充分发挥人的主观能动性，无为而无不为。

"孔子的叮咛"之四十五

尊学术传统，慎标新立异

有好友说，自己想不通为什么学术界很多人喜欢标新立异，动辄言"新儒家""新四书""新子学"，还有"新二十四孝""新三字经""新五经"之类，似乎在竞相追求新异，以"新"为尚。很显然，这些"新"学术情况很不相同，差别很大，绝不可一概而论。不过，这里提出了追求怎样的学术创新、怎样创新的重要问题。学术创新自然必要，但喜欢推倒成说，热衷自作门户，竞相开宗立派，这样的倾向却应该避免，这与学术创新已有不同。于是我借孔子的话回复好友："攻乎异端，斯害也已！"

当然，孔子说"攻乎异端，斯害也已"，只是教育弟子要治正学，拒邪说，走正道，"禁人杂学"。这里的"攻"有攻习、学习、研究的意思，定州汉墓竹简本《论语》即写作"功"，与"治学"的"治"意思一样。异端，指背离正道的学说、观念。人们解释这里的"异端"，或认为指诸子百家之书，或认为指非“六经正典”的“杂书”，或认为指“虽小道，必有可观者”中的“小道”，可能都不准确。孔子所谓“异端”，应概指无益于国计民生的学说，如《孔子家语·执辔》中子夏所言“奇耦”“气分”与“山书”之类，子贡评论其“微则微矣，然则非治世之待也”。“异端”更大的可能是指“言伪而辩”（言论错误而雄辩）、“记丑而博”（记述怪异非义的事物却十分广博）之类的邪说。在孔子看来，攻习偏离正道的学说，有害无益。

孔子斯言，朱熹《集注》曰：“非圣人之道，而别为一端。”焦循《补疏》曰：“各为一端，彼此互异。”学术创新不应为“异”而“异”，不应“各为一端”，创新是发展、进步的前提，但创新必须以继承为前提，必须有对传统的理解、尊重与敬畏。几千年来，经过无数仁人智士的实践思考，经过无数有识之士的切磋琢磨，中国传统思想文化已经形成为博大精深的体系。今人不了解这一点,就会在态度上滋生傲慢，在文化上缺乏自信，在学术上舍近求远。

近代一度盛行的疑古思潮，其消极影响仍“余音缭绕”。钱穆先生曾经提醒人们，应该对本国以往历史附随一种“温情与敬意”，不能抱一种“偏激的虚无主义”，不要感到自己站在了以往历史“最高之顶点”，此乃一种“浅薄狂妄的进化观”。钱穆先生强调要了解历史，培养民族自豪感，对民族文化有一个正确的态度。历史上有“游心太玄”的士人，动辄“轻贱唐虞而笑大禹”“非汤武而薄周孔”，对文化没有半点“温情与敬意”，他们的失落自我其实关联着那时的民族文化危机。人们要有对自己历史文化的敬重与热爱，学术研究的客观性要求与敬爱文化并不矛盾。民族发展进步的动力在于文化，民族要振兴，就必须去民族文化中发掘“内力”，钱穆先生认为，“探讨我民族以往二千年文化之积累，使不通乎儒家之说，不究乎六经之旨，是犹登山未跻其巅，涉海未达其岸，终必将晻黯而有所不睹，茫洋而有所未逮矣”。在当年国难深重之际，他敏锐地感觉到古学的价值和保存民族文化的责任，对轻蔑传统的学术倾向持否定态度。

孔子说：“道不远人。人之为道而远人，不可以为道。”我们现在追求学术之“新”，应当注意社会性功能的诉求，应当注意与固有学术认知之间的对话与衔接。学儒学应该有觉知、有觉悟，不应跟风走偏，不应在古人面前傲慢，而应保持尊敬与谦卑。以孔子之“博学”、之“宏达”，尚且能够“述而不作，信而好古”，宗圣修学，这是足以令今人深省的文化态度。我们应该像孔子说的那样“遵道而行”，而不要“索隐行怪”。

文化是民族的血脉、灵魂、品格，积淀着民族最深层次的精神追求和行为准则。儒家文化塑造了中华民族的基本性格。中国传承数千年的学术文化，蕴含着十分丰富而深刻的思想价值，例如传统的经、史、子、集分类，四部以“经部”为首，史部以“正史”居先，也都有“资治”“佐治”“赞治”的考量。宗圣、尊师、重道是文明的底线，我们应该对前人的文化总结与创造有“同情之了解”，去发现和汲取其内在精神，而不是盲目汲汲于另起炉灶，追求新异。儒学本来就关心世道人心，从来就没有脱离过人们的生活；儒家以孝悌之道“施于有政”，从没有弃修齐治平而不谈。我们应从国家和民族的宏观层面，着眼于构建当代价值体系，重塑民族精神，增强民族凝聚力和国家软实力，以更宽的视野、更高的境界、更大的气魄进行思考与创新。

牢记圣哲的"法言"

俗话说："不听老人言，吃亏在眼前。"这句话常常被用来告诫或形容那些一意孤行的人。一个人如果不尊重前辈人生与社会的经验，不听从长者善意的教诲与劝导，往往失败就在眼前。往大处说，这可以推及对历史文化的态度问题。我国古圣先贤留下了许多教诲，这是中华民族乃至整个人类的宝贵财富，人们所谓的"老人言"也都有古人智慧在现实生活中的折光。孔子十分重视古圣先哲的善言嘉语，认为君子一定会敬畏"圣人之言"。

在孔子看来，圣人"德合于天地"，"穷万事之终始"，是仁与智的统一体。圣人洞悉天地人，关注你我他；圣人教诲凝结着过往，注视着未来。所以《孝经》中说："非先王之法服不敢服，非先王之法言不敢道，非先王之德行不敢行。是故非法不言，非道不行；口无择言，身无择行；言满天下无口过，行满天下无怨恶：三者备矣，然后能守其宗庙。"这里的“法言”本义是“合乎法则之言”。为政者想要更好地保守江山社稷，必须言无口过、行无怨恶。而要没有过失，那就只有一个做法，即“非法不言，非道不行”，按照“先王之法言”去做才是正道。

孔子所说的“先王”指尧、舜、禹、汤、文、武、周公等人，他们是“王道”的象征，是孔子心目中的“圣人”，“先王之法言”即“圣人之言”。孔子崇尚“先王之道”，故能“祖述尧舜，宪章文武”，“述而不作，信而好古”，为我们做出榜样。孔子创立的儒家学派尤其称颂尧、舜及西周以来的传统文化，正如荀子所说“儒者法先王”。之所以如此，是因为尧、舜、禹、汤、文、武、周公都是孔子心目中的圣王明君，他们“致广大而尽精微，极高明而道中庸”，不仅思兼百代，牢笼天地，而且选贤任能，无为而治，创立礼乐制度，把中华传统文明推向高峰。孔子就对周代礼乐制度推崇备至，认为周礼“损益”了夏、商二代而礼文大备，所以孔子“从周”，学修“文武之道”，以文王之道的担当者自期。

孔子继承他以前的中华文化传统，以发扬先王之道为自己的旗帜和理想。从古代圣王以至于孔子，都有“博施于民而能济众”的境界，孔子和早期儒家“述而不作”，其实是在继承基础上的凝练与提升，他们都希望能救治礼坏乐崩的乱局，重整社会秩序。因此，“圣人之言”包含着仁爱与智慧，目的是“向善”，目标是“大同”，我们自然要认真学习和自觉遵循圣人的教诲。

孔子说：“法语之言，能无从乎？改之为贵；巽与之言，能无说乎？绎之为贵；说而不绎，从而不改，吾末如之何也已矣。”所谓“法语之言”，当然就是《孝经》中所说的“法言”。“法语”是古代圣人所说的话，“之言”是根据“法语”所说的言论。这些言论合乎规则、法则、准则，导人闻道、就道、弘道，属于正知、正见、正能，不可不听从。所谓听从，就是要依其改正自己的不当行为，这才真的可贵。那些“巽与之言”，也就是恭顺称许的话，谁听了都会喜悦。但是听了以后，一定要寻绎其中的意思，然后自省自勉，千万不能骄傲自满，这才最为重要。孔子区分了“法语之言”与“巽与之言”，谆谆告诫人们要明白“改之为贵”“绎之为贵”，希望人们能从中汲取智慧，完善自我，否则，孔子说，“吾末如之何也已矣”。“末如之何”就是无如之何，虽说无如之何、已矣，但其用意仍然是在激励那些冥顽难化的人，希望他们改之、绎之。一句话，孔子教导我们，要尊重听从圣人之言，改正自己的不当行为；听到夸奖自己的话不能只是喜悦而不自勉。

汉代的扬雄模仿《论语》而作《法言》，就是取其可以作为法则而使事情有正确的是非判断之义，其实也包含了对于孔子教诲的推尊与重视。扬雄生活的时代，诸子各逞其说，诋毁圣人，干扰世事，迷惑众人，那么，用什么来引导世人明辨是非？不言而喻，这就需要圣人之道的法则。“法言”有时候就是人生的格言，也泛指对人们的社会行为具有指导意义的言论。从这一意义上说，儒家的经典尤其是孔、孟的教诲，其实都可以归入“法言”的范畴。既然如此，我们若要不致陷于迷茫，希望“道前定则不穷”，就要仔细诵习经典，牢记我国圣哲的“法言”。

礼敬自己的文化先驱

在春秋前期的鲁国，有一天，城东门外飞来了一只被称为“爰居”的海鸟，停在那里三天没有离去。那海鸟很大，鲁大夫臧文仲让国人们去祭祀它。柳下惠认为此举不妥，在他看来，古代圣王制定祀典有特定的原则，如果背离了这一原则，就是不仁、不智。孔子曾说：“非其鬼而祭之，谄也。”恐怕也是这个意思。试想，如果一个人舍弃自己的先人却去祭祀别人的祖先，一定让人觉得不可思议。

柳下惠所说的祭祀原则，是在文化、政治、亲缘等方面“有功烈于民”之类，这样的才可以被纳入祭祀范畴，如“法施于民”“以死勤事”“以劳定国”“能御大灾”“能扞大患”等。早在西周时期，中华民族先人就已经走过“尊命”“尊神”的历史，转而开始“尊礼”。礼乐文化是一种人文理念很强的文化，人们重视祭祀，但“事鬼敬神而远之”，着眼点还是现世的人间秩序。

《礼记》中说："凡治人之道，莫急于礼；礼有五经，莫重于祭。"社会管理需要建立秩序，而建章立制最紧要的就是祭祀之礼。周人尊礼而以祭祀为"重"，甚至认为它是比军事还重要的"国之大事"，这是因为祭祀可以培养人们共同的价值信仰，所以《周礼》中明确说"以祀礼教敬"。祭祀显示的是礼尊，表达的是敬畏。时代变了，礼的形式可以变，礼的内涵不可无。先圣、先哲、先祖们给了我们现实的一切，我们应该明白个体的人是从哪里走来的。

孔子先说"非其鬼而祭之，谄也"，接着又说"见义不为，无勇也"。孔子反对"淫祀"，批评无"勇"，他主张祭祀其所当祭者，主张事情该做就要做。那么，何谓"见义勇为"？义者，事之宜也，事情应该那样做，为什么不去做呢？因此，该做的事情却不去做，就是缺乏"勇"。把孔子的话联系起来理解，就是不该做的不能做，应该做的必须做。

无论一个人还是一个民族，都应该知人、自知，要了解他人，更要了解自己。《老子》中说："知人者智，自知者明。胜人者有力，自胜者强。"中华民族的文化光辉灿烂，我们尤其不能"抛却自家无尽藏"。隋朝大儒王通说"自知者英，自胜者雄"，英雄人物就是"自知"与"自胜"的人。对待自己的民族文化，同样也有一个"自知"与"自胜"的问题。毫无疑问，孔、孟、老、庄等先哲就是中华民族最伟大的文化英雄,《中庸》里说“道前定则不穷”，是我们的先哲为中华民族开辟了文化的大道。

任何一个伟大的民族都不会无视自己的历史文化，都不会无视自己的思想导师和文化先驱。郁达夫说：“一个没有英雄的民族是不幸的，一个有英雄却不知敬重爱惜的民族是不可救药的！”几千年来，中国一直非常重视文化传承，无论是夏商周三代的礼制“损益”，还是孔子及儒家的“法先王”和“述而不作”，乃至历代绵延不断的历史著录，都是中华儿女对于前人文化创造的尊重与礼敬。这是中华民族不断明确前进方向的需要，也是培育价值观、树立信仰所不可或缺的。唯其如此，伟大的中华民族才有了自己的立足点。

修道必先明道，复兴文化必先“知有此文化”，中华民族要实现伟大的复兴之梦，就必须有文化的自信与自知，必须高度重视和礼敬自己的民族文化。正如国学大师钱穆先生所说，我们在“身生活”之外有“心生活”，在物质世界之外有精神世界。过去人的心能与现代人的心相通，上下古今融成一个“大心”。从国家到个人，最不可缺少的就是精神的家园，这是我们的灵魂之所系。

习近平总书记强调：“不忘历史才能开辟未来，善于继承才能善于创新。优秀传统文化是一个国家、一个民族传承和发展的根本，如果丢掉了，就割断了精神命脉。”“命脉”

是指“人身的血脉”，为生命所系，中华民族也是一个放大了的生命共同体，精神命脉关乎我们这一生命共同体的生死存亡。没有对自己文化的“温情与敬意”是极其危险的。我们从哪里来？到哪里去？追求怎样的理想？这是不可迷惑的大问题。不忘来路才能走得更远，方向明确才能开辟新的征程，该尊重谁，该礼敬谁，关系到个人以及民族的方向与价值信仰。

“孔子的叮咛”之四十八

天道不已，君子贵之

人们常常说到“天”，或希望“天佑”，或主张“顺天”，所涉及的都是“天道”的问题。一次，鲁哀公请教孔子：“君子何贵乎天道也？”孔子说：“贵其不已也。”在孔子看来，有境界的君子一定推崇和敬畏天道，原因就在于它的“不已”！

那么到底何谓“天道”？何以“不已”则贵？孔子接着从四个方面进行解释，他说：“如日月东西相从而不已也，是天道也；不闭而能久，是天道也；无为而物成，是天道也；已成而明之，是天道也。”这都是“天道”及其“不已”的特征。

在对天地自然的观察中，我们的先人悟出了做人的道理，以为“人道”应效法“天道”。“天道”是什么？就是日月星辰自东向西不停地移动，就是时间永不停息地流逝。例如，孔子看到川流不息，说“逝者如斯夫，不舍昼夜”。《中庸》里说孔子“上律天时，下袭水土”，又说“辟如四时之错行，如日月之代明”。天文时变，人文化成，人生易老，光阴飞逝，只有好好把握，才能成就健全人生。

宇宙是永恒的，它“不闭而能久”。《中庸》里说：“天地之道，可一言而尽也。其为物不贰，则其生物不测。天地之道博也、厚也、高也、明也、悠也、久也。”天道至诚，博厚以载物，高明以覆物，悠久而成物。人生也是如此，要耐得住寂寞、经得起等待，要沉得下心、静得下心。这样的高明，开阔而长远，生生不息，不闭而久。

所谓“无为而物成”的道理，没有深刻的认知，就很难看到这一点。世间万物都有其自身的禀赋与特性，都有其自身生成和生长的规律，它自然而然地发育、发展。体认其禀赋与规则，就要尊其性、顺其性，而不是违其性、逆其性。《老子》中说“其微易散”，《中庸》里说“知微之显”，又说“夫微之显，诚之不可掩”。有如此之认知，才会有实际的遵循，才会有准确的把握，才会“不见而章，不动而变，无为而成”。可别把“无为”理解偏狭了！这样的“无为”是《老子》所说的“为无为”，是“为之于未有，治之于未乱”。

“诚则成”，遵天道而行则成，所以，“已成而明”之“成”，成于诚也。《中庸》里说“自诚明，谓之性”，人至诚则明。人诚则成，已成而明，所谓“积善成德，而神明自得”。隐恶扬善，是神明，是天道。

既然天道至诚，那么人之能诚，就会“不勉而中，不思而得，从容中道”。子贡认为孔子关于性与天道的议论高深微妙，自己难于知解，他说：“夫子之言性与天道，不可得而闻也。”他希望孔子阐发解释，孔子说：“天何言哉？四时行焉，百物生焉。天何言哉？”上天不言，可一年四季照常运行，天下百物照常生长。所以《庄子·知北游》中也说：“天地有大美而不言，四时有明法而不议，万物有成理而不说。”

孔子说：“不知命，无以为君子也。”认识天命，理解天道，是君子的境界。孔子自称“五十而知天命”。知天命，就是知道天道运行的规律，即认识问题深刻，了解社会、人生的基本规则。“天道”具有本体论意义，是客观范畴，而“天命”则属于天人关系范畴。从孔子到荀子，早期儒家都注重天人关系，思考社会管理与人生问题。

老子说“天地长久”。天地之所以长久，以其生生不息而又不自恃有功。不自生，能长生；后其身，而身先，这是人生大智慧、大格局。有了这个境界，人与世间万物、个体与整体就融为一体了。这与孔子的“天道不已”异曲同工。

常谓“吉人自有天相”，这是人顺应了天道规律所致。所谓逆天则亡，不顺应规律就被淘汰。逆天者，逆天理也。孔子强调“智士仁人”要“将身有节，动静以义，喜怒以时，无害其性”，也是要人遵从天道。古人说上天主掌一切，其实不是“迷信”，而是源于对天道的理性理解。坚守优秀传统文化中提倡的做人标准，也是遵从天道的要求。与天地相通、天人合一，才是做人做事的最高的境界。孔子追求真理，弘道崇德，鼓励人修身、知人、知天、成圣，成为后世楷模。

孔子说：“坏国、丧家、亡人，必先去其礼。”一个人思想品德劣质更甚于身体素质低下，这样的人往往会被率先淘汰。“彰善瘅恶，树之风声”，这是生命的法则，是生命天择的规律。“自天佑之，吉无不利”，遵从天道，循礼而动，人就修得了优质的生命，如此，天必佑之！

“孔子的叮咛”之四十九

灾妖不胜善政

人有时会不得不面对“天命”问题。那么，人应该听天由命，无所作为，还是积极主动，有所作为？如果问孔子，他会坚定地选择后者。

一次，鲁哀公问孔子：“夫国家之存亡祸福，信有天命，非唯人也？”孔子说：“存亡祸福皆己而已，天灾地妖不能加也。”又说：“故天灾地妖，所以儆人主者也；寤梦征怪，所以儆人臣者也。灾妖不胜善政，寤梦不胜善行，能知此者，至治之极也，唯明王达此。”孔子认为，存亡祸福都源于自身，反时反常现象并不能改变国家命运。

在孔子看来，天灾地祸是用来儆戒人主的，各种梦诞怪异是用来儆戒人臣的。灾祸不能胜过清明的政治，不好的梦兆敌不过良好的品行。能明白并践行这个道理，就达到了天下大治的境界。既然如此，为政治国应当谨慎戒惧。

孔子一向重视天命，在他那里，“天命”的含义比较复杂。孔子多次说到“天”，认为“天”对于人的生死寿夭、吉凶祸福、尊卑贵贱、贫富穷通，乃至国家盛衰存亡具有某种决定意义。它无形无影，缥缈虚幻，却仿佛又具有无穷无尽的力量，能主宰世间的一切，可以洞悉事理，秋毫必察。“天”有时性情乖戾，恣意肆虐；有时又好像懂得是非善恶、真假美丑。

孔子对于“天”和“天命”的看法，与春秋以来人们对于“天”与“天道”“天命”的进步认识相应。郑国人子产说“天道远，人道迩”，这正是彼时人们对“天道”认识的概括。人们对“天”的认识，决定了其对“天命”的态度。在孔子看来，“天”与“天命”不可捉摸，应用心致力于人事，此即所谓“尽人事而知天命”。

孔子认为必须“知天命”，他因为“知天命”而敬畏天命。他自称“五十而知天命”，又说：“君子有三畏：畏天命，畏大人，畏圣人之言。小人不知天命而不畏也，狎大人，侮圣人之言。”这里，孔子主张要发挥人的主观能动性。所以他说，“存亡祸福皆己而已”，“灾妖不胜善政，寤梦不胜善行”。可见，与重视天命相比，孔子更注重人事，更主张尽人事以待天命。

孔子的“知天命”与荀子的“制天命”应当是一致的。《荀子·天论》中说：“从天而颂之，孰与制天命而用之！”

《说文解字》："制，裁也。从刀从未。未，物成有滋味可裁断。""制"与"裁"可以互训，因而后人多将这两字连用。关于《荀子》中的这句话，唐代学者杨倞注解说："颂者，美盛德也，从天而美其盛德，岂如制裁天之所命而我用之。谓若曲者为轮、直者为桷，任材而用也。"清朝学者王先谦的《荀子集解》中也这样解释。

可见，"制"原本有利用、顺应、顺势之意，并没有所谓对抗、斗争、征服的意思。与孔子一样，荀子也并非主张单纯地去适应自然，而是积极、主动地改造自然。"制天命而用之"实际反映了荀子对于天命自然的态度。

但是，无论对孔子还是对荀子，后人的认识往往出现偏差。对荀子所说的"制天命而用之"的"制"，后人的理解衍生出控制、征服、制服、战而胜之等义，进而将这句话理解为"人与天斗争"，又出现了"人定胜天"的思想。例如，有学者理解为："顺从天，而歌颂它，哪如控制天命而利用它呢？""利用"或者"顺应"可以，"控制"或者"对抗"则不可！

将"制"字解为制裁、控制，是今人的主流看法，由此，荀子也成为主张所谓"人定胜天"的"唯物主义的代表人物"。其实，人在自然面前往往显得十分渺小，违背自然规律常常招致失败乃至灾祸，人何以能够"胜天"呢？

郭店楚墓竹简中有《穷达以时》一篇，给人以很好的启示。孔子与荀子都主张“明于天人之分”，这也是人类遵循自然规律从而能顺应天命的前提。无论“知天命”还是“制天命”，当然都不是单纯谈论“天命”，他们关注的是现实社会的种种问题。

后世所谓“人定胜天”的思想可能渊源很早。据《逸周书·文传》载，周文王就曾说：“兵强胜人，人强胜天，能制其有者，则能制人之有。”但这里强调的同样是人的主观能动作用，其中未必含有“与天斗”的意思。

知天命，畏天命，善担当

说到“天命”，人们往往会觉得有几分神秘。孔子很重视“天命”，他说自己“五十而知天命”，又说君子要“畏天命”，还说“不知命，无以为君子”。孔子为什么重视“天命”，以至于反复叮咛、谆谆告诫？其实都是为了一个沉甸甸的词，它就是“担当”。

社会需要引领者，需要担当者。我们常遇到这样的情况：在一些事情上，是非选择没那么难，错误明明不该出现，可是令人咋舌的现象竟然层出不穷。问题出在哪里？怎样解决？这就呼唤可堪引领与担当的人。在孔子所处的时代，这样的人就是“君子”，就是“大人”。社会要循正道而行，要不偏离正确的方向，就需要有更多这样的人。

儒学被称为“君子之教”“大人之学”，就是要培养有气象、格局大的人。孔子认为，君子明是非、知荣辱，方向明确，矢志不移。“君子”这一概念可谓内涵丰富。孔子以“君子”自期自许，强调“志于学”“志于道”，原来他重视的是价值、是信念；孔子说“朝闻道，夕死可矣”，还说“人不知而不愠，不亦君子乎”，原来他强调的是要牢记使命，信念坚定！

君子的坚持与坚守，在于他们对自己“天命”的认知。孔安国说：“命，谓穷达之分。”郭店楚简《穷达以时》中说“遇不遇，天也”，说的是人的“穷”与“达”往往决定于时势。这里“时”和“天”就是指“天命”，它决定着人的穷达祸福，决定着人生的升降沉浮。如果时遇不佳，即使贤能之人同样无能为力，“天命”与“时”“世道”等紧密相连。“天道”通过“天命”降而在人，赋予人以“人性”。从这里出发，儒家进一步思考“人道”，使人的主体意识反映自身的本质属性，从而沟通“人道”与“天道”。

孔子“知天命”，乃是认识问题深刻，知道天道运行的规律，了解社会、人生的基本规则。孔子周游列国途经宋国时，与弟子习礼于大树之下。宋国的司马桓魋打算杀掉孔子，拔其树。弟子们劝孔子尽快离开，孔子却说：“天生德于予，桓魋其如予何？”他们在匡地被困时，孔子也说：“文王既没，文不在兹乎？天之将丧斯文也，后死者不得与于斯文也；天之未丧斯文也，匡人其如予何？”孔子遭遇困厄，却镇定自若，自信“天命在兹”。可以看出，孔子对自己的文化使命有一种自觉意识，有一种“神圣”体认。这种精神，正是古今中外的伟人应对危难、创造伟业的动力与支柱。

对于“天命”，孔子自然不是挂在嘴边。在孔子那个时代，“天命”已经不是一个神秘的概念，人们认识到“民之所欲，天必从之”，“天视自我民视，天听自我民听”，民众的意志、老百姓的意志就是“天命”，也就是说，“敬天保民”“敬德保民”思想已经深入人心。人们认识到天命可以转移，即所谓“天命靡常”“惟德是辅”，有天命还要以德行去配合。君子“知天命”之“知”，自然就包含了对于这种特性的了解与把握，从而清醒冷静，豁达包容，表现在具体的社会行为中，就是积极作为，弘道明德，勇于承担。

人知天命，就无怨无悔，主动担当，这正是对君子的起码要求。“天命”本身并不神秘，但认识天命并不容易，所以孔子说自己“五十而知天命”。“天命”包含天道运行规律，“知天命”一定是了解社会与人生的规则。因此，只有“知天命”才会“畏天命”。孔子说君子“畏天命”，又说“小人不知天命而不畏也”，通过分析君子与小人对天命的不同态度，他对于君子人格的期待，对于社会担当的赞赏，都在这里得到了体现。君子有德有位，不仅应该担当、必须担当，而且能够担当，可以主动担当。可以看出，在孔子那里，“天命”与“神圣”有点儿类似。《论语》最后一章记孔子说“不知命，无以为君子”，似乎与《论语》开篇的话相呼应：“人不知而不愠，不亦君子乎？”

孔子所处是“无道”的乱世，他本人“有德而无位”，但依然“知其不可而为之”。他对自己所处的时代有一个清醒的认识，他说：“道之将行也与，命也；道之将废也与，命也。”但他并没有放弃行道的努力，他说：“芝兰生于深林，不以无人而不芳；君子修道立德，不谓穷困而改节。”他认为，君子面对人生的态度应是，不论显达还是困厄，都不要改变自己的节操。穷达自己无法完全决定，德行则取决于自己。人就要主动作为，积极用世，坚定正确信念，努力完善自己，做有益于社会的人。

“孔子的叮咛”之五十一

仁义在身，心中无怨

社会发展了，许多人反而无法安顿心灵了。钱穆先生说，人心有时候会离开身体往外跑，有时偷闲到外面闲逛，有的逛去了“神之国”，有的逛去了“物之邦”。然而，心“尽向神”，心“尽向物”，都未必是好的安放之处。可是，人心总需要一个安放处呀，人而无“心”，后果会极其严重。我们用心追索，就可能找到孔子引领的去处，那就是仁义。

人心如何安放，其实就是如何做人。那么，我们应该做什么样的人？孔子的观点很经典，他说：“仁者，人也，亲亲为大；义者，宜也，尊贤为大。”有爱人之心为仁，做适宜之事为义；人不能缺少爱心，人要做该做之事。孔子及儒家指出了具体的修身方法，人有爱、有敬，就从爱父母、敬尊长开始，这就是“立爱自亲始”，“立敬自长始”。按照《论语》的表述，孝悌是“为仁之本”，人有孝悌仁义之心，就不会违法乱纪，就能自觉遵守社会规范。

人有灵魂的觉知，才会有安放灵魂的思考，这就像菩提达摩提示的先“将汝心来”。孔子没有把人心引向神与物，而是开启了一扇大门，将心引向了“心”，教人将心安放在人心里。既然人们都处在一定的社会关系中，那么，处理好这一对一对的社会关系，就是人心和顺、社会和谐的关键。钱穆先生又谈到，孔子教各个人的心，走向别人的心里找安顿，找归宿。父的心，走向子的心里成为慈；子的心，走向父的心里成为孝；朋友的心，走向朋友的心里成为忠与恕。心走向心，便是孔子之所谓仁。心走向神，走向物，总感觉是羁旅他乡。心走向了心，才始感到是自己的同类，是自己的相知，因此，是自己的乐土。

孔子认为，一个孩子出生后三年才可能“免于父母之怀”，君子居父母之丧，就会“食旨不甘，闻乐不乐，居处不安”。一个人在父母丧期内心安理得、怡然自乐地享受生活，那他可能没有将自己的心走向父母的心。孔子思索的是怎样心安，是人的基本修养问题。钱穆先生认为人追求心与神、心与物的和合为一，那才是“心之大解放”“心之大安顿”。这是要把自己的心量扩大，把心之情感与理智同时扩大。如果没有起步阶段的基本修养，是不会获得大的格局与气象的。

为什么有人总是牢骚满腹，怨声载道，而君子“言必忠信而心不怨，仁义在身而色无伐”？他思虑通明，笃行信道，自强不息，他的淡定与安宁，来自他对人生与社会的深刻理解。弟子仲弓向孔子请教仁的问题，孔子说：“出门如见大宾，使民如承大祭。己所不欲，勿施于人。在邦无怨，在家无怨。”君子克己修己，待人以“敬”很重要，对人恭敬有礼，役使百姓谨慎敬畏。人将心比心，换位思考，推己及人，这就是“恕”，自己不喜欢的事情，也不要强加于人。爱人者，人恒爱之；敬人者，人恒敬之。人既敬且恕，有高度的修养，就会“在邦必闻，在家必闻”，也定然会“在邦无怨，在家无怨”。

俗话说：“人无百日好，花无百日红。”又说：“人生不如意事十之八九。”人往往会遇到各种困惑与困顿。孔子说：“贫而无怨难，富而无骄易。”人只要加强个人的修养，无论贫、富都会有正常的心态，处于贫困之中而没有怨言更难能可贵。孔子多次提到伯夷、叔齐，他们是商末孤竹君的两个儿子。其父死后，他们互相让位，后皆逃至周。武王伐纣，二人扣马谏阻，后来耻食周粟，饿死于首阳山。孔子称赞他们“不念旧恶，怨是用希”，是“古之贤人”。他们对人宽容，不计较原先的仇怨，致力于实现仁德，心中自然也就没有怨恨了。

所谓“无怨”，其实就是没有怨恨、埋怨。孔子常说

“怨”这一概念，例如“政均则民无怨”“唯女子与小人为难养也，近之则不孙，远之则怨”“善政行易而民不怨”等等，这些“怨”意思都是一致的。对于社会管理者来说，要使人民“无怨”，就要为政以德，实行仁政、善政。为政者知民情，达民意，公平公正，百姓心情和悦，哪里还有什么抱怨？人有仁义，其心不怨。为政者行仁政，则百姓不怨。

不忘公心，做社会人

如果别人对你有"自私"或"私心较重"之类的评价，你一定感觉十分不爽。这个大家都不喜欢的"私"，其实与"公"相对，人不自私，就要有公心。人们都属于特定的社会关系，那么，心里装着"公"、具有公德意识就很有必要。孔子说"天下为公"，正是希望人们不要自私，做一个合格的社会人。

孔子的社会理想是"大道之行，天下为公"。这话正应了"公道"那个词，只有"公"，才有"道"；没有"公"，"道"何求？人都不是孤立的存在，人的社会关系主要有君臣、父子、夫妇、兄弟、朋友五个方面，处理好这些关系十分重要，所以《中庸》里说："君臣也，父子也，夫妇也，昆弟也，朋友之交也，五者，天下之达道也。"社会中的其他关系都由这些关系派生出来。人处理这些关系，需要努力修身，人人有"道"，这个"道"就是孔子的恕道，即推己及人、换位思考。主动修身的人越来越多，社会就有公道。

在孔子和早期儒家那里，“公”是处理各种关系的基本原则，其内涵和外延都很丰富。历史上，很多人论证人的自然性与社会性的关系，认为从人的社会属性来说，人应当遵守社会的规范，这些都可以包含在“公”的概念之内。作为社会的人，人不能只考虑个人，而要“父慈子孝、兄良弟悌、夫义妇听、长惠幼顺、君仁臣忠”，使自己的行为符合社会角色的要求，这才算做到了“公”，才符合“道”的要求。孔子希望社会精英们“志于道”，有更多的人遵“道”而行，工作中“君使臣以礼”“臣事君以敬”，家庭中“父子笃，兄弟睦，夫妇和”，社会上“老者安之，少者怀之，朋友信之”。如果是这样，距离孔子理想中的“天下为公”、社会“大同”就不远了。

长期以来，在不少人心目中，“天下为公”好像只是一个高尚的口号，甚至是可望而不可即的空想。其实，“天下为公”应该具体落实为人们切实的行动。据《孔子家语》记载，孔子有他心目中的“天下为公”，那就是“选贤与能，讲信修睦”，“人不独亲其亲，不独子其子。老有所终，壮有所用，矜寡孤疾皆有所养”，“货恶其弃于地，不必藏于己；力恶其不出于身，不必为人”，“奸谋闭而不兴，盗窃乱贼不作”。人们敬老爱幼，安居乐业，有充分的社会保障，不浪费，不私藏，安分尽力，人心和顺，社会安宁。而这，不是任何一个民族、国家，乃至一个集体都希望做到的吗？这不也正是我们追求的理想状态吗？要做到这些，需要人们的公共意识，需要人们的社会性意识。

星云大师曾说，世事都是“一半一半”的，“善良一半，邪恶一半”，“真的一半，假的一半”，“佛的世界一半，魔的世界一半”。这样说来，“公”与“私”也是一半一半，自古及今，人们的心里都有“人心”与“道心”、“人情”与“人义”、“天理”与“人欲”的对抗。早在殷末周初，姜太公《六韬》中就说“义胜欲则昌，欲胜义则亡”，“敬胜怠则吉，怠胜敬则灭”。这种“欲”与“义”、“敬”与“怠”的斗争经常会出现，它有时就表现为“公”与“私”之间的对立。《尚书》中说“以公灭私，民其允怀”，《墨子》中提倡“举公义，辟私怨”，都希望“努力好的一半，减少坏的一半”。若要社会更加美好，人们就要努力“公”的一半，减少“私”的一半。

如何增长公共意识，提升公共道德？孔子提出的方法是循礼而动。他说：“讲信修睦，尚辞让，去争夺，舍礼何以治之？”“欲恶者，心之大端也。人藏其心，不可测度也。美恶皆在其心，不见其色也。欲一以穷之，舍礼何以哉？”“礼”之所以重要，因为它是规则、规范，是标准、界限，是公德的要求。“天下为公”的“公”也可理解为“共”，人们生活在共同的社会中，就应有明确的“社会性”意识，从而休戚与共，协同合作。应该摒弃自私，互相关心，扶危济困，而不能各行其是、自私自利，更不能损人害人、弱肉强食。“天下为公”的观念启示人们要有“社会共同体”或“命运共同体”意识，多包容，善合作；少对立，不对抗。

别把“道”讲得太玄乎

自古至今，人们一直在追寻“道”，探索天地运行之理，寻求为人处世之方。可谈道论道者往往玄虚空妙，让人如坠云里雾里。其实，“道”不能离开生活，“道”的追寻应以“人”为中心。所以孔子说：“道不远人，人之为道而远人，不可以为道。”

道，是孔子一生的追求。他说：“朝闻道，夕死可矣。”为了心中的那个“道”，孔子不断地追寻与努力。晚年回顾自己的人生经历时，孔子说自己“十有五而志于学”，“志于学”就是他常说的“志于道”。他希望人们树立理想信念，“志于道，据于德，依于仁，游于艺”，甚至要“安贫乐道”，不斤斤于生活中的琐事。有对道的追求，人才会有格局、有气象，才不至于迷失方向。

儒学是“修己安人”之学，由修己而及人、而安人，这就是儒家的“道”。《淮南子·要略》中说：“孔子修成康之道，述周公之训，以教七十子，使服其衣冠，修其篇籍，故儒者之学生焉。”“儒者之学”在于传述“成康之道”与“周公之训”。《汉书·艺文志》中说：“儒家者流，盖出于司徒之官。助人君顺阴阳、明教化者也。游文于六经之中，留意于仁义之际。祖述尧舜，宪章文武，宗师仲尼，以重其言，于道为最高。”儒家的最高追求，就是帮助国君教化社会人心，倡行仁爱正义，实现古圣先王之“道”。

孔子的社会理想是“大道之行”，是“天下为公”。这里的“公”在很大程度上就是“共”，即社会成员有明确的公共意识。孔子希望社会“选贤与能，讲信修睦”，希望人们“不独亲其亲，不独子其子”，能够“老有所终，壮有所用，矜寡孤疾皆有所养”，人们各尽其力、各取所需，进而“奸谋闭而不兴，盗窃乱贼不作”，臻至“大同”境界。人是“自然人”，更是“社会人”，既然大家生活在一起，就必须讲求“社会性”，就必须处理好人与人、人与社会包括人与自然的关系，使每个人都成为一个“合格的社会人”。早期儒家谈论“人之所以异于禽兽者”这样的问题，他们思考的逻辑起点正在于此。

以前遍布天下郡县的文庙（即孔庙）里往往有礼门、义路之类的建筑设施，儒家的“道”便寓于其中了。《礼记》中说“人之所以为人者，礼义也”，所谓“人义”，无非就是与喜、怒、哀、惧、爱、恶、欲等“人情”相对的为人之道，就是父慈子孝、兄良弟悌、夫义妇听、长惠幼顺、君仁臣忠。人生在世，会具有多种身份，既然如此，就要按照自己的角色定位做好自己。所以，《中庸》里说：“君臣也，父子也，夫妇也，昆弟也，朋友之交也，五者，天下之达道也。”儒家讲“大学之道”，正是成人之道，是修身做人之道。

思想家们反复讨论的“道”，也离人们不远。《周易》谈天、地、人“三才之道”，是说人处在天地之间就要效法天、地，从而刚健自强、厚德包容。《六韬》记姜太公为文王陈述“至道之言”，称“义胜欲则昌”“敬胜怠则吉”，也是注重人的社会性。儒家推崇先王之道，希望在“人心”与“道心”之间“允执厥中”是历代儒家所追求的境界。当“中庸”学说落实到具体行动中时，则强调把工作当修行，把岗位做道场。后世思想家反复思索“人欲”与“天理”的关系，说到底就是一个“修己”的问题。

孔子的“一贯之道”正是忠恕，正是推己及人、换位思考，是“己所不欲，勿施于人”。孔子说：“忠恕违道不远，施诸己而不愿，亦勿施于人。”自己不愿意的事，也不要施加给别人。《大学》中讲“絜矩之道”，“所恶于上毋以使下，所恶于下毋以事上，所恶于前毋以先后，所恶于后毋以从前，所恶于右毋以交于左，所恶于左毋以交于右”。孔子则正面阐发：“所求乎子以事父”，“所求乎臣以事君”，“所求乎弟以事兄”，“所求乎朋友先施之”。当这种修身之道被推广开来，扩大到社会，运用至管理中时，距离孔子的人心和顺、社会和谐之梦的实现就不远了！

各家各派谈的“道”其实都是相通的。例如，老子的“道”也不像大多数人想象的那样扑朔迷离、不可捉摸。老子“以百姓心为心”，他谈“无为”，说的是“为之于未有，治之于未乱”，是教人以无为之法行有为之事。孔子既浓烈又淡泊，老子同样是冷眼与热心的一体两面，如果把老子的“道”谈玄了，就没明白他为什么说“吾言甚易知，甚易行”。《孙子兵法》中谈“道”，无非是为了使老百姓“与上同意”，以至于“可以与之死，可以与之生，而不畏危”，如果是这样，难道还不能无往而不胜吗？

总之，平平常常就是道。孔子的“道”就是中道，他没有把人推向高远，而始终是把高远的道落实到人间，落实到生活中。

为捍卫自己的人格而战

梁漱溟先生是现代新儒家的早期代表人物之一，他曾经手书一副对联：“不为圣贤，便为禽兽；莫问收获，但问耕耘。”据说这是曾国藩的座右铭，而且这十六字励志箴言影响过很多人。人要成就自己，首在志道成人，不能苟且，要有人格与气节。孔子说：“志士仁人，无求生以害仁，有杀身以成仁。”他所倡导的正是大丈夫应该为捍卫自己的人格而战。

人格的修炼，是涵养文化的过程。每个人的生命都不同程度地铺染了自己民族文化的底色。从孔子那时起，到今天，中国的人文教化传统一直首倡教人明理修德，从而成就了我们自己的文化信仰。人的一言一行、一举一动都彰显着自己的内在素养，具有优秀素养、懂得人格尊严的人，就会不断地自觉充实、完善自己，就会为捍卫自己的人格尊严而努力奋发。儒家认为人“不可须臾”离道，人的修为过程也就是一个努力至诚、择善固执的功夫。孔子认为，人要希望在社会上更好地立足，能够通达无碍，就要“言忠信，行笃敬”，说话忠诚守信，行事庄重严肃，并且时刻将“忠信”“笃敬”装在心中。

孔子致力于“道”的实现，他的一生都在为信念而奋斗。他变通无方，“可以屈则屈，可以伸则伸”，但他“屈节者所以有待，求伸者所以及时”，他“虽受屈而不毁其节，志达而不犯于义”。孔子弟子中有很多这样的人。例如，颜回安贫乐道，他“夙兴夜寐，讽诵崇礼，行不贰过，称言不苟”，孔子称赞他“一箪食，一瓢饮，在陋巷，人不堪其忧，回也不改其乐”，颜子所乐的，乃是孔子修己安人之道，其志远大，故绝不汲汲于饮食口腹之欲。因此，颜回“得一善则拳拳服膺而弗失之”。闵子骞以德行著称，他不仅孝行突出，而且坚持不仕于无道之家，季氏派人请他去做费邑的长官，他委婉而坚决地拒绝了。孔子也“守死善道”，他说“天下有道则见，无道则隐”，还说“鸟能择木，木焉能择鸟”。孔门师徒的政治品格高度一致。

子路的故事，更能让人想到人格的尊严。他果敢勇武，其言循性，不畏强御，不侮矜寡。他临终的场景，尤其令人动容。卫国内乱中，他本可以避免遇难，但他不顾生命，忠于主上。在最后的战斗中，他的冠缨被击断，但他仍不忘

“君子死而冠不免”，他重新结缨时，被敌人砍杀而死。他这一非同寻常的举动，有的人会认为迂阔不智，其实这种选择源于他内心长期积渐的对于人的价值的认知。

在遇到生命的危机时，人性与人格就得到了检验。有的人高尚，把个人生死置之度外，把生的希望留给他人，人性的光辉得到散发，人格的尊严得到升华。有的人猥琐，比如在地震中，作为一名教师，有的人竟然不顾眼前的孩子，只管自己逃生，且无失职与负罪之感。再比如，在关于泰坦尼克号遇难的若干话题讨论中，有人认为捍卫自己的人格是“伟大男人的唯一选择”，即使死去也要像一个绅士那样“死得体面”，真正的男子汉不应“死得像一个畜生”。不错，在生命面前人人都是平等的，但放开了不该放开的手，舍弃了不该舍弃的人，即使保住了自己的那条命而苟且地活着，人生还有什么意义呢？其实，再多再多的海水也不能淹没“爱”，再强再烈的地震也不会震倒大写的“人”。

按照孔子和儒家学者的理解，“仁”是为人处世的最高原则。生命固然宝贵，但“仁”比生命更为宝贵，一个人为了成就“仁”，可以不顾生命，可以献出生命。人之所以不苟且害仁，能做到杀身成仁，乃根植于自己对人性、对生命意义的理解。这里有一个社会与人心教化的过程，有一个认识逐渐提高的过程。试想，一个人如果动辄嘲弄和讥讽正义，缺少恻隐之心、羞恶之心、辞让之心、是非之心，不是连最基本的做人问题都没有解决吗？没有人格自然无须捍卫人格，不懂得人格哪会理解人格的尊严。

时下的“国学热”催生了许多传统礼仪活动，在我看到的几次儿童“开笔礼”中，孩子们认认真真学写的第一个字，往往都是“人”或者“仁”。从这一天开始，在家庭、学校、社会的教育下，孩子开始了完善自己人性与人格的历程。孔子说：“仁者，人也。”人之立身处世，无非就是做一个有仁德的人，而关于“人”的教育则是从修己、克己、省己开始起步的。一个合格的“社会人”，他的人格尊严都是深植于心、不可亵渎的。

道德精神是文艺的灵魂

孔子指示为学的路径与方法，说：“志于道，据于德，依于仁，游于艺。”“游于艺”与“志于道”“据于德”“依于仁”是一个有机的整体，“游于艺”不能离开“道”与“德”，要立志向道，据守住德，依倚于仁。一方面，“游于艺”是为了树立道德精神；另一方面，道德精神应当成为文艺的灵魂。

人首先要“志于道”，“道前定则不穷”，人有了正确的“道”，有了正确的价值体系与信仰追求，就会自觉做有德的人，做有爱心的人，做涵养自身的人。人到了十五岁前后，也就到了应该明理懂事的年龄，就应学习修身做人与社会管理。

孔子所言之“艺”所指是什么？《礼记·少仪》中说“士依于德，游于艺”，清楚说明了德与艺的关系。《学记》中有言：“不兴其艺，不能乐学。故君子之于学也，藏焉，修焉，息焉，游焉。”兴其艺，游于艺，从而乐于艺，所“乐”在“艺”，这就是孔子所说“游于艺”的本来意思。“大学之教”教人“乐学”“游艺”，学有所乐，涵泳其中，最终才能学有所成，化民成俗。古籍中有时也专讲技艺之“艺”，但将“技艺”与“道德”并言时，往往要以道德为先，以道德作为引领。

中国先哲强调“形而上者谓之道，形而下者谓之器”，“德成而上，艺成而下”，其中虽然没有轻视“艺”的意味，但强调了“德”与“艺”的先后关系、主次关系。孔子称赞他的弟子冉求说：“求也艺，于从政乎何有？”冉求多才多艺，让他治理政事有什么困难呢？孔子又说：“若臧武仲之知，公绰之不欲，卞庄子之勇，冉求之艺，文之以礼乐，亦可以为成人矣。”认为像冉求这样多才多艺的人，再用礼乐来成就他，也可以算是“成人”了。有了“艺”和“知(智)”“不欲”“勇”之类的特点或优点，还要加之以仁义礼乐，因为礼乐中包含着德性的要求。

文学艺术及相关艺术行为是寄托和影响人们精神世界最直接的方式,用什么样的文学艺术作品去辅助人们锻造灵魂、文艺工作者怎样去帮助人们塑造精神品格，这是关系国家走向、民族形象的大事。孔子说：“言以足志，文以足言”，“言之无文，行之不远”。人离不开文艺，文学家、艺术家也会不断追求艺术的更高境界。然而，艺术家的格局与气象体现在他对于“道”的把握中。这个“道”是人道，是与天道、地道相互和谐统一的为人处世之道。有道的君子，有境界、有品位的文学艺术家才会使自己的作品有鲜明而正确的历史观、民族观、国家观、文化观，有自心底洋溢出的骨气和底气。

古人说的“书而不法，后嗣何观”，本是就历史记事原则而言，意思是书写或记载历史必须遵循内在法则，不然后人会从中看到什么呢？文学艺术家的创作，大致就像做人那样，唯有有了灵魂的觉知，才算活得明白，才是人生的至高境界。比如西方有人说，某些时候，音乐甚至是一个从未表达出来的完整的内心世界的唯一见证。“书写之法”与“为人之道”是相通的。在“书之法”的意义上，书写和记载历史，与文艺创作内在相通，不讲书写创作之法，历史记载就可能是“断烂朝报”，文艺作品就是没有精神内涵的虚文。可见，孔子“游于艺”的思想，对于今天的艺术创作行为仍具有重要的现实指导意义。

祥与不祥，都在“理”上

有人做事不顺，就往往怨天尤人；有人做事失败，而常常寻找借口。其实，世间的事物都是相互联系的，失败有失败的原因，成功有成功的道理。人们在祝福他人时，常说“吉祥如意”之类的话，仔细想想，我们切不可把这句话理解成“馅饼从天而降掉在我头上”，人要认真为人处世，才能真的吉祥如意。也就是说，吉祥还是不吉祥，全部都在“道理”上。其实，孔子也正是这么叮嘱人们的。

《孔子家语》中记载了这样一个故事：有一天，鲁哀公向孔子请教，说自己听说向东扩展房屋是不祥的事情，有没有这回事？这样的问题，现实中会有很多，比如房门开在哪里，家具怎样摆放，某位置搞什么建筑，如此等等。一些所谓的风水大师神乎其神、煞有介事地讲说一通，就被一些人奉为金科玉律。可是，在孔子看来，天下有五种不祥之事，向东扩展房屋之类并不包括其中。

五种不祥之事是什么呢？孔子说：“损人而自益，身之不祥也；弃老而取幼，家之不祥也；释贤而用不肖，国之不祥也；老者不教，幼者不学，俗之不祥也；圣人伏匿，愚者擅权，天下不祥也。”一个人如果损人利己，一定会招致自身不祥；一个家庭里的人不孝敬老人只知道疼爱孩子，对老人不赡养、不尊敬、不关心，会导致这个家庭不祥；国家不用贤德之人，却任用不肖之徒，会导致国家不祥；社会上老年人不教，年轻人不学，一定会导致风俗不祥；圣贤隐匿，愚者当权，则会导致天下不祥。孔子这些话所说的实际上是修身、齐家、治国、平天下之道。

中国文化在孔子之前已经有漫长的发展过程。西周初年的人们就思考了“祥”与“不祥”的问题。例如，《逸周书》中说：“天道尚左，日月西移；地道尚右，水道东流。人道尚中，耳目役心。心有四佐，不和曰废。地有五行，不通曰恶。天有四时，不时曰凶。”接着又说：“天道曰祥，地道曰义，人道曰礼。知祥则寿，知义则立，知礼则行。礼义顺祥曰吉。”这是主张把人放在天、地之间，人道应当效法天地之道。人要明白“天道曰祥”，从而要知天道、顺天道，人顺应天道才能得寿，人道与地道顺应天道才能吉。

道，就是客观存在的不能不遵循的理。还有一次，孔子与鲁哀公谈论“寿”的问题，孔子说：“夫寝处不时，饮食不节，逸劳过度者，疾共杀之。”人身体遭殃，招致不祥，都是不顺应天道惹的祸。孔子又说：“若夫智士仁人，将身有节，动静以义，喜怒以时，无害其性，虽得寿焉，不亦可乎？”人违背规律，胡作非为，必然带来可怕的后果。西周时，我们的先人就结束了对于天命、鬼神的迷信，将注意力放在了人本身，中华礼乐文明就是这样确立起来的。孔子认为，人不能违背规则，不顺应天理、不循礼而动，就是不祥。

例如，孔子及儒家重视孝道，认为子孝于父乃天经地义。但是，现在的不少家庭却反其道而行，把孩子看得更重，为孩子做了很多，却忽视了老人。这不仅违背了作为传统美德的孝道，对孩子也有害而无益。一个家庭、一个社会让老人拥有幸福的晚年，孩子才有可期的未来。童年的经验会影响孩子的一生。过度溺爱孩子，使之在娇惯、百依百顺中长大，习惯于享受和依赖，或许是父母送给孩子最可怕的礼物。

我们可以设想这样的场面：夫妻俩去机场或车站迎接孩子，孩子由爷爷、奶奶或者外公、外婆从老家送来。年轻夫妻此时应如何对待扑过来的孩子和正缓步走过来的疲惫的老人？还有，当下不少年轻人津津乐道地谈论“我跟你妈掉水里你先救谁”的“难题”，问题的提出者大概已经预设了“应该先救我”的心理前提。但她也许不知道，这种心理使代际间传承的已经不是爱，按照这种逻辑，将来她自己的儿子长大了，若面对对立的妻子与母亲，他也应该舍弃母亲。这样来看，孔子的话就很震撼人心了——弃老而取幼，家之不祥也！

有君无君，道义在心

一次我与朋友聊天，他说自己这几天比较忙，单位“一把手”去省里开会了，他更应该主动把工作干好。他特别强调说：领导在与不在一个样，那才叫素质！我听后若有所悟，孔子孜孜以求的“道”不就是这样吗？孔子实际是要求人们自觉循理而动，让公共意识、公德意识在心中深深扎根。于是，我似乎想通了孔子的一句话：“夷狄之有君，不如诸夏之亡也。”

孔子这话何意？我曾对此纠结过很长时间。从字面看，这话可以有两种意义相反的解释：一是诸夏不如夷狄。夷狄尚且有君，不像其时诸夏礼坏乐崩，人们目无君长。二是夷狄不如诸夏。夷狄即使有君，因其文化落后，无完备礼仪制度，因此仍不如诸夏。以前我们曾认为这句话是孔子春秋史观的反映，认为那时“君不君，臣不臣”，人们不守规则，所以第一种理解更近于实际。现在看来，孔子的本意可能并非如此。

孔子此言被编辑在《论语》的《八佾》篇，该篇围绕“礼”进行讨论。《论语》首列《学而》，总体上谈修身做人，体现了孔子的思想主张和政治抱负；孔子志于济世救民，故次以《为政》；而后继以《八佾》，寄寓了孔子“道之以德，齐之以礼”“为国以礼”的为政主张。

《八佾》篇以季氏“八佾舞于庭”僭制开篇。季氏为鲁之宗亲，更是周公苗裔。周公制礼作乐，乃周代礼乐文化奠基人，亦为孔子最敬仰之先哲，但“周公之后”竟僭制失礼！

于是，《八佾》接着记孔子之言：“人而不仁，如礼何？人而不仁，如乐何？”礼乐不在形式，而在于实质与内涵。《八佾》篇随后的三章是：

林放问礼之本。子曰：“大哉问！礼，与其奢也，宁俭；丧，与其易也，宁戚。”

子曰：“夷狄之有君，不如诸夏之亡也。”

季氏旅于泰山。子谓冉有曰：“女弗能救与？”对曰：“不能。”子曰：“呜呼！曾谓泰山不如林放乎？”

《论语》编者把“林放问礼之本”置于季氏违礼一章之后，是说林放实无显赫事迹，而竟知问礼之根本，这既与季氏形成显明对比，又反映了彼时礼乐之衰。而且，在孔子说“夷狄之有君，不如诸夏之亡也”后，《论语》又一次提到关心

“礼之本”的林放。

从本质上看，礼乐解决的是人与人如何相处的问题，是社会怎样才能和谐的问题。孔子多次论述礼乐，他注重礼乐的内涵，注重礼的根本精神。孔子特别主张“君君、臣臣，父父、子子”，强调循名责实；又主张“正名”，反对名实不副。他注重“实”，反对徒有虚名。例如杨树达说：“《春秋》之义，夷狄进于中国，则中国之。中国而为夷狄，则夷狄之。盖孔子于夷夏之界，不以血统种族及地理与其他条件为准，而以行为为准。”

这样，孔子的意思就不难理解了。三代礼制递相损益，形式虽变而礼义不变。先王教化行用既久，人伦观念深入人心，中原地区即使没有君主，恐怕也比有的地区有君主要好。钱穆先生说：“就古今通义论之，可谓此社会即无君，亦不可以无道。但不可谓此社会虽有道，必不可以无君。既能有道，则有君无君可不论。《论语》言政治，必本人道之大，尊君亦所以尊道，断无视君位高出于道之意。”这句“尊君亦所以尊道”说得太好了！就像“安其学而亲其师，乐其友而信其道”，尊其君乃是因为心中有法度。

就中国君子文化而言，君子的名实相副表现为德位相配。就德、位而言，应该以德为先。“政者，正也”，君主为政就是“为正”。邦国有道，礼乐大行，即使无君，国家也不会灭亡。春秋时期，在礼乐传统深厚的鲁国，礼乐就具有特别的意义。闵公元年，齐君欲灭鲁，有人说："不可，犹秉周礼。周礼，所以本也。臣闻之：国将亡，本必先颠，而后枝叶从之。鲁不弃周礼，未可动也。"鲁国彼时正遭庆父之难，但尚秉周礼就难以攻取，这是因为周礼可起到一种协调人心的作用。鲁国以周礼为本是切中要害的。鲁人都知道礼有"经国家，定社稷，序人民，利后嗣"的功能，孔子说："坏国、丧家、亡人，必先去其礼。"礼尚在则国不可亡，礼关乎国泰民安。

再如，昭公后期，鲁君与季氏矛盾激化，但季氏对昭公却始终尊敬如一。后来，昭公出走国外，季孙仍希望"得改事君"。在此后的七年中，季孙总在谋求迎昭公回国，且"事君如在国"。这时期，不仅鲁国国内安定如常，而且季氏本人也丝毫没有占取君位的意图。这种看似反常的现象，与鲁国的礼乐传统肯定是不无关联的。

有一则传说故事很能说明问题："齐遣兵攻鲁，见一妇人将两小儿走，抱小而挈大。顾见大军且至，抱大而挈小。使者甚怪，问之。妇人曰：'大者，妾夫兄之子；小者，妾之子。夫兄子者，公义也；妾之子，私爱也者，宁济公而废私耶。'使者怅然，贤其辞，即罢军，还对齐王说之曰：'鲁未可攻也。匹妇之义尚如此，何况朝廷之臣乎！'"这个故事在某种程度上反映了鲁国当时的社会风貌。孔子说："齐一变，至于鲁；鲁一变，至于道。"鲁为周公封国，是闻名远近的"有道之国"。当人民心中有道义时，国家就能"有力量"，这个国家就永远不可战胜！

文化传统的重要性体现在时时处处。有君无君，关键在人心，否则孔子为什么感叹"明王不兴"？为什么会期盼明王在位？在有道的时空里，"君"就是法度，就是道义。否则，有君无君，又有什么意义呢？

“孔子的叮咛”之五十八

知易不占，善易不卜

有一则新闻说，有一个落马的腐败官员，竟然曾在自己办公室里挂上钟馗的画像，希望借此躲避牢狱之灾。由此，我联想到了《论语》中的记载：子曰：“南人有言曰：‘人而无恒，不可以作巫医。’善夫！”“不恒其德，或承之羞。”子曰：“不占而已矣。”在孔子看来，人要坚持不懈修养自身，如果没有恒心，就不能做用卜筮为人治病的巫医。如果不坚守自己的德行，就难免会承受羞辱。所以，为人处世不要把精力或重点放在占卜上。

孔子一贯强调恒常修德的重要性。他曾说：“善人，吾不得而见之矣；得见有恒者，斯可矣。亡而为有，虚而为盈，约而为泰，难乎有恒矣。”孔子所说“有恒者”应与《中庸》里的话相联系来理解：“素富贵，行乎富贵；素贫贱，行乎贫贱；素夷狄，行乎夷狄；素患难，行乎患难，君子无入而不自得焉。”一般人很难摆脱对物质利益的追求，进德修业并不容易。“有恒”本身虽不算“德”，却是为“德”向“善”的途径与基础。人若没有修德的恒心，或许很快就会招致羞辱，难怪《孟子》说“苟无恒心，放辟邪侈，无不为已”。《易》有《恒》卦，孔子也多次论述《恒》卦。从中可见，知道了易学精神，就不必占卜；如不修身养德，占卜又有何用？

知易不占，善易不卜，荀子说得更直接明白。他说：“善为诗者不说，善为易者不占，善为礼者不相，其心同也。”荀子的意思，大概是诗无达诂，诗意朦胧，自无须细说；礼缘于情，礼以义起，非仅玉帛钟鼓，精通于礼者不必傧相。而善易之人，他们懂得易的思想真谛，明白易可解疑释惑，善易之人可以不用占卜就知道事情如何处理。如此，为什么还要占卜呢？

《周易》本来是作为占筮之书出现的，说明中国古人重视“机遇”而不信机械因果决定论。但孔子主张“为己之学”，注重修养自身，丰实自己。孔子早年“常自筮其卦”，后来他对《周易》的认识更加深刻，于是专注于“观其德义”。马王堆帛书《要》篇记孔子说：“吾求其德而已，吾与史巫同涂而殊归者也。君子德行焉求福，故祭祀而寡也；仁义焉求吉，故卜筮而希也。祝巫卜筮其后乎！”孔子认为应当用心于以德行求福、以仁义求吉，显示了他饱满的人文情怀与理性精神。

《逸周书·命训》中说："福莫大于行义，祸莫大于淫祭。"《礼记·祭义》开头就说："祭不欲数，数则烦，烦则不敬。"孔子也反对频繁的祭祀与占卜，主张"敬鬼神而远之"。孔子说"获罪于天，无所祷也"，自身行为不端，巴结鬼神是没有用的。孔子病重时，子路请求为他祈祷，孔子表示反对，这是孔子对鬼神、祈祷的理性认知。对于鬼神生死之事，子路较为关心，孔子向他讲过"未能事人，焉能事鬼""未知生，焉知死"之类的话。孔子反对"祷"于神明以求病愈，说明他重天命的同时更重人事，表现了他"尽人事以听天命"的态度。关于这一点，《孔子家语·五仪解》中记有孔子非常精彩的话，他说："存亡祸福皆己而已，天灾地妖不能加也"，"灾妖不胜善政，寤梦不胜善行"。孔子认为，认识到这一点是很高的境界，能明白这个道理，就能使天下大治，这只有贤明的君主才能做到。

无论孔子的"不占而已矣"，还是荀子的"善为易者不占"，都强调潜心修炼品德的重要性。人认识境界提升了，就能处事中正，善于把握事物的变化及原则，不使行为逾越合理之规，从而达到"从心所欲，不逾矩"的佳境。人能明天理、知天命，怀德怀刑，严格自省，就能循理而动、顺命而为。这样的人怎会做出格的事情？既然如此，也就不用占卜了。

著名易学家金景芳先生曾有忠告，研易不要逾越“不搞占卜”的底线。世事都在心中，命运也在心中。真正懂得《易经》的人，就能明白“吉凶在人”的道理，就可以随心演绎六十四卦，这其实就是《易经》的大智慧。吉凶祸福不是一次占筮、一个占卦就能决定的，无论卦上的吉凶，抑或生活中的吉凶，人们都需要以中正平和的心态去面对。“洁净精微”是易之教的功用与追求，也是生活和命运的应对之策。

《周易》之中“观德义”

孔子晚年迷恋《周易》，这可能出乎很多人的意料。人们都知道孔子与《春秋》的关系，他本人就说：“知我者其惟《春秋》乎，罪我者其惟《春秋》乎。”《春秋》中寄寓了孔子的微言大义，表达了孔子的政治观念。没想到的是，马王堆帛书《易传》中竟然有孔子包含类似意蕴的话：“后世之士疑丘者，或以《易》乎？”一句话透露了孔子与《周易》非同寻常的关系。孔子特别交代说，《周易》是“卜筮之书”，但他与史巫不同，他认为《周易》中包含了“古之遗言”，自己乃是从中“观其德义”。

在中国古代文化典籍中，《周易》显得十分神秘。在这样一部玄妙奇特的著作中，集中了中华民族先人的卓越智慧，这便是人们所说的“人更三圣，世历三古”。从伏羲画“八卦”，到文王演《周易》，直到孔子作《易传》，在《周易》经文形成到孔子时代几百年的时间里，可能也会有人对《易经》进行过一定的研究，所以《隋书 · 经籍志》中说“周公又作《爻辞》”，在这样的基础上，孔子作“十翼”，“为《彖》《象》《系辞》《文言》《序卦》《说卦》《杂卦》”。

在孔子之前，《周易》主要作为卜筮之书在发挥作用，到了孔子，它所具有的哲理性才得以彰显。《史记 · 孔子世家》中说：“孔子晚而喜《易》。”“读《易》，韦编三绝。”孔子反复读《易》，以至于编连简册的绳子都多次断开。孔子对《易》下过极大的工夫。正是由于孔子的发掘与阐释，《周易》的人文化、哲理化才真正完成。《易传》思想属于《周易》，也属于孔子。《周易》对孔子影响至深，孔子于易学其功至伟。

孔子博学，对于天地之道有自己的洞察，他“不语怪力乱神”，是一个理性主义者。孔子也“常自筮其卦”，他能力高超，曾自言卜筮百次可有七十次灵验。孔子卜筮可能是通过占辞玩味其中的义理。正是从孔子开始，“义理易学”与“术数易学”分道扬镳，《周易》的卜筮功能走向边缘化，易学走上了人文主义的道路。《周易》哲学正是关于“时”的哲学，其中的整体意识、变通思想、时中观念、辩证思维，恰恰代表了中华古典智慧的高度与深度。不言而喻，孔子开辟的易学道路是一条无比宽广的大道！

孔子对《周易》产生兴趣，正是《周易》本身的特点决定的。晚年的孔子几乎与《周易》形影不离，“居则在席，行则在橐”。于是，子贡当面请教老师，因为孔子曾说“德行亡者，神灵之趋；智谋远者，卜筮之繁”，那么何以又“老而好之”呢？孔子说：“我观其德义耳也。……吾求其德而已，吾与史巫同涂而殊归者也。”在孔子看来，没有德行的人才会祈求于神灵，缺少智慧谋略者才会频繁卜筮，孔子喜好《周易》，不是喜好其卜筮之用，而是对其中的圣哲遗言兴致浓厚、情有独钟。孔子从《周易》卜筮功能的外表下发现了其深邃的哲理，于是予以大力发掘与阐扬。

以往人们对“自孔子以前数千年之文化”了解不够，于是怀疑孔子与《周易》的关系，怀疑那时的人能否有那样的思想深度和思维水平。而今，考古发现一次又一次地刷新了我们的固有认识。人们走出迷茫之后，终于看到了孔子以前中国文明的悠久历程，认识到孔子“祖述尧舜，宪章文武”“述而不作，信而好古”的深层意涵，许多的认识障碍也得到消除。

国外学者对中国思想的认识也逐渐得以改变。例如，西方哲学家黑格尔在《哲学史讲演录》中评价说：“孔子只是一个实际的世间智者，在他那里思辨的哲学是一点也没有的。”他还别有意味地说，根据孔子的原著，可以断言：“假使他的书从来不曾有过翻译，那倒是更好的事。”他还评价《易经》说：中国人“也达到了对于纯粹思想的意识，但并不深入，只停留在最浅薄的思想里面”。显然黑格尔对孔子、对儒学缺乏基本的了解，他的无知与傲慢，原因在于《周易》本身的价值不会被轻易认知。不过这毕竟是中国两千年前就已出现的智慧，在不太了解黑格尔哲学的人看来，如果他的这些话不曾被翻译，那倒也是更好的事。

而今，与黑格尔类似的看法越来越少了，但发扬《周易》的内在精神还有待大力加强。孔子强调易道“广大悉备”，学习《易》，要提升格局，放大视野，准确了解事物特性。孔子说：“上下无常，非为邪也。进退无恒，非离群也。君子进德修业，欲及时也，故无咎。”人要把握“时中”之道，才能洞察幽微，明察秋毫，才能知进退、明变化、不拘泥、善决断，立于不败之地。孔子说得好：“加我数年，五十以学《易》，可以无大过矣。”如果有机会用心探索易理，人的境界一定会更高！

看见远处的自己

《论语·乡党》末章记载了一个场景：孔子与子路走在山间，有几只野鸡停在不远处。大概子路对它们一挥手，野鸡便立即机警地飞起来，盘旋一阵落到了前面的树上。

孔子见状，十分感慨，说："山梁雌雉，时哉时哉！"这些野鸡真了不起呀，它们能够看到自己所处的形势，做到远害避险。听了老师的话，子路觉得有歉意，遂不无俏皮地向它们拱手。野鸡见状，打量他一番，振翅飞走了。

孔子所说的"时"很重要。孔子感叹鸟很机敏，它们知道使自己远离危险，让自己置身于安全的境地。他认为人也应该明白自己所处之"时"，知道自己是谁，将走向哪里。关于这个场景的文字记载很简洁，内涵却很深刻。很多人可能不明白孔子的意思，不知道《论语》编者的用意。宋代大儒朱熹则解释得比较切近，他说："言鸟见人之颜色不善，则飞去，回翔审视而后下止。人之见几而作，审择所处，亦当如此。”

知时，意味着了解自己，也意味着知止，知道自己该走向何处，朝哪个方向努力。《大学》中说：“《诗》云：‘缗蛮黄鸟，止于丘隅。’子曰：‘于止，知其所止，可以人而不如鸟乎？’”鸟儿都知道选择合适的栖息之所，人就更应该知其所止，择善而居。所以《大学》强调“知止”的重要性，说：“知止而后有定，定而后能静，静而后能安，安而后能虑，虑而后能得。”人能知止，才有可能气定神安，思虑周全，最终有“得”，实现理想。

人都处在一定的社会关系中，担当着各种角色。孔子及儒家因此主张“正名”，要求人们加强素养，符合社会身份的要求。所以《大学》中又说：“为人君，止于仁；为人臣，止于敬；为人子，止于孝；为人父，止于慈；与国人交，止于信。”知道了努力的方向，才能自觉修为，走好人生路。

不只儒家，老子也谈“知止”。例如，“始制有名，名亦既有，夫亦将知止，知止可以不殆。”又如，“知足不辱，知止不殆，可以长久。”“知止”就能“不殆”，这话如何理解？许多人认为“止”是“停止”之义，这种理解虽大致不差，但并不准确。实际上，它更多的是表示“方向”。

从文字学的角度看，“止”为“趾”的本字，在甲骨文字形中，上部象脚趾，下部象脚面和脚掌。可见，“止”标识行走的方向。不难理解，无论孔子还是老子，其所言“知止”之“止”都含有努力的方向、奋斗的目标、正确的追求等这样的意思。《逸周书·官人》中说“困而不知止”，是说不明白自己走向何处；《左传》宣公三年说“天祚明德，有所底止”，是说一个人境界高，知道自己的追求。

在日常生活中，有的人浑浑噩噩，缺少人生追求，这就是不知所止。不思考生命的价值，不思考生活的意义，就不知道走向哪里。在孔子看来，“庸人”就没有明确的人生方向，《孔子家语》中对“庸人”的描述是：“心不存慎终之规，口不吐训格之言，不择贤以托其身，不力行以自定。见小暗大，而不知所务；从物如流，不知其所执。”人有了明确方向，就像人生有了定盘星，便可以“心有所定，计有所守”，就能踏实地做好自己。所谓“踏实”，就是“知不务多，必审其所知；言不务多，必审其所谓；行不务多，必审其所由”，“富贵不足以益，贫贱不足以损”，这样就可能达到更高的境界。

孔子说得好：“不患无位，患所以立。”人不用担心有没有自己的位置，最应该担忧的是自己能干好什么。因此，与其庸人自扰，“终日而思”，不如踏踏实实，找准方向，立即行动。实现人生规划，稳步走向未来，必须看清那条连通未来的路。路是自己走出来的，一旦目标明确了，规划切实了，我们就应该整理行装，立即起步。

确立了理想与目标，就看见了远处的自己。《中庸》里说："知远之近，知风之自，知微之显，可与入德矣。"那么，你知道通往那个"远"的"近"在哪里吗？知道眼前的困惑与困顿的原因何在？知道当下的"微"一旦发展为"显"是怎样一种结果？《老子》中说"其微易散"，如果这个"微"是缺点，改掉它尚不难；如果这个"微"是优点，你不妨"择善固执"，以"至诚"之心去坚持。你真的这样做了，就能看到远处的自己在向你招手！

“孔子的叮咛”之六十一

人不知“时”，则不如禽鸟

孔子及儒家所讲的“大学之道”特别强调“格物穷理”，是说世间万物都有它内在的道理与法则，人要在具体的事物或实践中感悟人生，感悟天地之理。例如，孔子看到禽鸟知“时”知“止”，由此想到人应当做得更好。

《论语·乡党》末章记载的野鸡见人飞走的那个场景，很耐人寻味。《乡党》篇记述了孔子日常生活的一些侧面。也正是在日常的言谈举止中，孔子的人生境界得到了具体展现。在那些野鸡的反应中，孔子特别看到了一个“时”，令人回味不尽。

我们生活在这个世界上，难道不都处在不同的“时”中吗？那么，我们知道自己的“时”吗？如果我们真的知道了这些，恐怕走在人生的路上步伐会更加坚实一些。比如，我们常听到有大学生因为将来找工作压力大而不能静心学习的事，其实，这恰恰是本末倒置。孔子说：“不患无位，患所以立。”学生当下的“时”是学习，最根本的是要“进德修业”，充实和丰富自己。学生首先应该考虑的是自己能干好什么。或者应该自问：如果有机会，自己能把握得住吗？

《大学》中恰恰也记载了类似的议论：《诗经》中说：“邦畿千里，惟民所止。”都城及其附近方圆千里的地方，老百姓都愿在那里居住。《诗经》中又说：“緡蛮黄鸟，止于丘隅。”绵绵蛮蛮鸣叫的黄鸟，栖息在山冈上的一角。孔子感慨地说：“连黄鸟都知道该栖息在什么地方，人怎么可以连鸟儿都不如呢？”孔子在想，既然人们在社会上扮演着不同角色，就应该首先按自己的角色定位，做好自己该做的事情。这正如我们常说的，要清楚地“知道自己是谁”。人的修养何尝不正如此？

孔子在鸟儿那里得到的启示真的不少。还有一次，孔子与弟子们看到一位捕鸟人在捕鸟。孔子看到捕鸟人捉到的全都是黄嘴小鸟，感到奇怪，便上前询问道：“你捉到的都是小雀，偏偏捉不到大雀，为什么？”捕鸟人说：“大雀警觉所以难以捕到，小鸟贪食所以容易捉到。小雀跟着大雀时就捉不到，大雀跟着小雀时也捉不到。”

捕鸟人的话令孔子很感慨，他对弟子说：“警觉可以远离祸害，贪食就忘记隐患，都是源于内心，由所跟从的对象决定祸福，所以境界高的人在选择跟随对象时要谨慎。按照长者的想法去做事情是保全自身的途径，而依从年幼无知的人的愚直之举，就可能招致灭亡的灾祸。”孔子强调人要“择贤以托其身”，就是说要选准学习的榜样。

人生的道理何尝不是如此！在现实中，有人就像黄口小鸟，他们心里没有自始至终谨慎行事的规诫，口中说不出可奉为法度的言语，不选择贤人为榜样努力学习，不知道向哪里努力，不懂得置身何处，不明白执守什么，而是随波逐流。这是非常可怕的！

典籍中所载孔子言论有时看起来并不多么难懂，初次接触时，甚至让人觉不出其中有什么深奥的道理，所以连德国著名哲学家黑格尔也说孔子“只有一些善良的、老练的、道德的教训”。可细细品味，恐怕并非如此，实际正如一位英国作家所说，孔子言语中“蕴含着比人们第一眼所看到的更多的智慧”。

心中有“道”，脚下有路

人都可能会有迷茫的时候，有人追问“人生到底有什么意义”，还有人问“人活在世界上到底为什么”。没有人生目标的人，有时就像迷途的羔羊，四顾茫茫，不知走向哪里。如果向孔子求教，孔子开出的良方或许是三个字：志于道。他说过：“道前定则不穷。”

孔子多次提到“志于道”，例如：“士志于道，而耻恶衣恶食者，未足与议也”，“志于道，据于德，依于仁，游于艺”。“道”是什么？它很复杂，也很简单。孔子的话蕴含了“道”的内涵，“志于道”与据德、依仁、游艺是统一的。“志于道”就要做有德的人，做有爱心的人，做自觉以诗礼涵养自身的人；人“志于道”，就不“耻恶衣恶食”，就不会只专注于生活中的琐事，而是专注于成为对家庭、对社会有用的人。

《易传》中说：“君子以朋友讲习。”同学曰朋，同志曰友，有境界的君子，会与志同道合的人谈学论道。物以类聚，人以群分，一个人选择与什么样的人做朋友，能显示出这个人的情趣与喜好。孔子说“无友不如己者”，是由于与高尚的人、有品位的人在一起，更有利于自己的成长。《国语》中说：“成人在始与善，始与善，善进善，不善蔑由至矣。”“与善”就是与“善”结交。与“善”结交，自己将会越来越善。有了基本的是非善恶判断能力，与积极向上、具有正能量的人结缘，自己就不会迷茫，路也会越走越宽。

为了使人生有意义，人必须找到自己生活的目标。常言说：人生不能没有梦。梦想就像种子，人埋下了信念的种子，从而“择善固执”，说不定哪一天，种子就会生根发芽，枝繁叶茂，硕果累累。胡适先生也曾说，生活的“为什么”就是生活的意义，人与畜生的分别恰恰就应该在这个“为什么”上。假如一个人人生没方向，事业没追求，做人没责任，见小暗大，从物如流，他也只能是“庸人”一个了。

早期儒家思维的逻辑起点在于“人禽之别”。人不是纯粹的动物，必须使自己与禽兽有所区别。这个区别在哪里？《礼记》中的观点很鲜明：“人之所以为人者，礼义也。”什么是“礼义”？孔子说：“礼也者，理也”，“君子无理不动”。孟子说：“夫义，路也；礼，门也。惟君子能由是路，出入是门也。”“为人之道”在于循礼而动。人要做有爱心、有情怀、有担当、爱学习、求上进的君子，使人格更健全，人生更完美。难怪人们推崇曾国藩的座右铭：“不为圣贤，便为禽兽；莫问收获，但问耕耘。”

孔子及儒家的这一思考带有人类文化的共同性。例如，古希腊德尔斐神庙上有一句铭文，叫作“认识你自己”。正确认识自己，不就是认识自己的特性吗？不就是要明白“我是谁”“我走向哪里”吗？人除了自然生命的意义，剩下的就是社会人生的价值。爱因斯坦认为，人活着就应该扪心自问，思考怎样度过自己的一生。在他看来，人需要大量的自觉思考和自我教育，以建立人与人之间和谐美好的关系。他还提醒人们，在这个“非常重要的领域”里，要注意借鉴“古代希腊人和古代东方贤哲们所取得的成就”。

我国古语云：“莫欺少年穷。”人年轻时穷困不可怕，怕的是方向不明、浑浑噩噩，长大后依然穷困。孔子说：“后生可畏，焉知来者之不如今也？四十、五十而无闻焉，斯亦不足畏也已。”年轻人年富力强，谁也不能断定其将来成就如何。但一个人若四五十岁还没有什么声望，那他也就不足畏了。孔子又说：“年四十而见恶焉，其终也已！”人到了四十岁还被人厌恶，那么这个人也就这样了。曾子也说：“三十、四十之间而无艺，即无艺矣；五十而不以善闻，则无闻矣。”那么，何不趁年轻，清醒头脑，看对路子，在人生路上坚定地走下去！

人有志向、有目标，就有动力。持之以恒地努力，目标就不难实现。孔子“十有五而志于学”，早早确立了学习和奋发的方向，“志于学”就是“志于道”，这个“学”就是他一生的追求。孔子小时候贫贱，但他在逆境中奋发，他的“好学”成就了他的“博学”。他“三十而立，四十而不惑”，五十岁达到“知天命”的境界。孔子心中有“道”，为了那个“道”，他追寻了一生，努力了一生！我们聆听孔子的教诲，孔子的人生也给了我们很好的启迪。

"孔子的叮咛"之六十三

守一执一，一以贯之

说起来，没有比"一"这个字再简单的了，孩子读书识字，最先认识的应该就是它。可是在中国早期思想中，这个"一"又十分不简单。老子说"道生一"，而仅仅在《论语》的记载中，孔子就两次说自己的学术"一以贯之"。看起来，学习孔子思想，这个"一"不可等闲视之！

曾子和子贡是孔子的两个重要弟子，孔子对曾子说："吾道一以贯之。"子贡以为孔子"多学而识之"，孔子对他说："非也，予一以贯之。"孔子一再申述自己"一以贯之"，应该是因为这句话事关他的学术追求，事关他致思的方向。或者说，"一以贯之"应该概括了他思想学说的内在理路，涵盖了他思想学说的精髓。

孔子说"吾道一以贯之"，曾子解释说："夫子之道，忠恕而已矣。"那么，"忠恕"也就是孔子之道的核心内容了。

"一"贯穿于孔子学说，它与"忠恕"是怎样关联起来的呢？按照程颐、朱熹等人的解释，"一"就是"忠"，"贯"就是"恕"。这个"一"就是一本、一心，是"真实无妄"，是一个真实的"自家心下道理"。对一般人来说，"一"就是修己、克己，就是反躬自省；对于修行好、境界高的圣人，"一"就是"诚"。以修己之诚、至诚之心贯通万事万物，推而及于处理各种关系，这便完成了由忠而恕、由修己到推己的过程。原来是这样，这不就是孔子所说的"修己以敬""修己以安人""修己以安百姓"吗？

修己是一切的前提，没有修己，如何推己？孔子和儒家重视"修己"，常说"克己""成己""为仁由己"以及"吾日三省吾身""君子敦于反己"等。外在的约束固然必要，但最终起作用的还是内在的修养。比如人们讨论德政与法治的关系，道理不是很简单吗？任何一个好的规定，到了没有素养的人那里，都会形同虚设，都像一纸空文。制度与规则摆在那里，如果人们不能自觉遵守，社会仍然会像春秋末年那样"礼坏乐崩"。修己是根本，只有"修己"的人才会自觉"推己"，修己之"忠"到了位，才会有推己之"恕"体现出来。

中国古代"一"的哲学，是关于本体论的思考，是世界观，也是方法论；是整体思维，也是系统意识。作为对宇宙、世界的认识，“一”意味着全体、整体。最大的那个“一”是“太一”，它是宇宙世界的初始状态。按照《太一生水》的解释，太一通过水创生万物，“水反辅太一”于是有了“天”，“天反辅太一”又有了“地”，“天地复相辅”于是有阴阳，继续相辅相成，又产生了神明、男女、父子、君臣等等，由此“协于分艺”“礼义有所措”，于是在世间形成了各种两两相对的关系。如何处理这些关系？这些关系如何相处才能相互和谐、继续化生发展？这就需要“一”的思维。

既然“一”意味着联系，那么，知“一”就成了对人的社会性要求。孔子说“政者正也”，“为政”即“为正”，人理解了“正”就是“知止”，社会发展要“止于至善”。从文字结构看，“正”从一从止，就是“守一以止”。仅仅从字面看，也可知“正”就是一以贯之地坚守正确的方向。老子的思想也与此相通。老子说：“天得一以清，地得一以宁，神得一以灵，谷得一以盈，万物得一以生，侯王得一以为天下正。”对天来讲“一”就是清，对于地来说“一”就是宁，五谷丰登、万物生长，同样都有“一”的要求。对于掌握权力的侯王而言，“一”则是“为天下正”，成为天下人的示范与向导。

可见，“一以贯之”不仅强调正确方向，而且强调坚守这一方向，这就是“执一”或“守一”。人而“知一”，才能“执一”或“守一”，才能“得一”。有“知”才能“得”，《大学》中说：“知止而后有定，定而后能静，静而后能安，安而后能虑，虑而后能得。”知止而明确方向，然后定、静、安、虑，才会走向成功，这里面贯穿着对“一”的执守，离不开“一以贯之”。

“孔子的叮咛”之六十四

游于经艺，成就文德

孔子述为学之方，指示人成长的道路，曾说“志于道，据于德，依于仁，游于艺”。“游于艺”何意？关于这句话，人们的理解往往与孔子的本意有很大不同。其实，孔子这里所说的“艺”指道艺，一般指诗、书、礼、乐、易、春秋“六艺”。“游于艺”是修道立德的基础，是成就有为人生的必由之路，舍此则可能是空谈义理，终难有成。

孔子所述是“夫子自道”，也为后人开启了法门。“学莫先于辨志”，立什么样的志，成什么样的人。道之得于身，谓之有德，就是以正确的信仰指引行动。人要志道据德，依倚于仁，离不开经典的导引。《中庸》里有句话讲得通透，点到了问题的本质：“知远之近，知风之自，知微之显，可与入德也。”“知远”不就是规划自己的人生吗？对每个人来说，“知远之近”的那个“远”就是远处的自己。那么，通往“远”的“近”在哪里？如果这样思考，我们就能了解自己的当下，了解眼前的疑惑与困顿，明白目前的“微”发展为“显”将会怎样。认识了眼下的自己，我们才能去除缺点，发扬优点，择善固执，至诚不息。

关于孔子怎样教人成长，《孔子家语》中有很好的总结：“孔子之施教也，先之以诗书，而导之以孝悌，说之以仁义，观之以礼乐，然后成之以文德。”“先之以诗书”就是“以诗书先之”，原来，孔子弟子成就“文德”之路是从诗书之教开始的。在此基础上，再以孝悌“导之”，以仁义“说之”，以礼乐“观之”。这让人不由得想到《礼记·王制》中关于“顺先王诗、书、礼、乐以造士”的说法。

艺，有“技艺”和“道艺”的区分，《大戴礼记》等典籍中分别称之为“小艺”和“大艺”，也叫“小节”或“大节”。周代的教育体制，人生八岁，则自王公以下，至于庶人之子弟，皆入小学，而教之以洒扫、应对、进退之节，礼、乐、射、御、书、数之文。礼、乐、射、御、书、数“六艺”是人人必修的“小学”。到了十五岁，贵族子弟、民之俊秀，束发而就大学，教之以穷理、正心、修己、治人之道。这便是“学大艺”，“履大节”。

许多人把“游于艺”的“艺”理解成技艺，其实不然。人到了一定年龄就应学习修身做人与社会管理，孔子教学生的“六艺”是“大学”的主要内容，指诗、书、礼、乐、易、春秋六种科目，这是“大艺”“大节”。“六经”与“六艺”有所不同，被称为“六经”的《诗》《书》《礼》《乐》《易》《春秋》是孔子为六种科目所编的教科书。孔子以“六艺”教人，是为了教化社会人心，教人明道修德。孔子说“游于艺”，就是要人沉潜于诗、书、礼、乐等的研修中。

孔子“艺”之所指，有关典籍也可印证。《礼记·少仪》中说“士依于德，游于艺”，德与艺二者一致。《学记》中所说更为明确：“不兴其艺，不能乐学。故君子之于学也，藏焉，修焉，息焉，游焉。”游于学就是乐学，其所“乐”即在“艺”。孔子强调学“文”，说“君子博学于文”，又说“行有余力，则以学文”。《论语》中还说：“子以四教：文、行、忠、信。”文，一般都理解为六经之学。

古人所述“大学之道”实现的途径，显示出古人对道艺的极大重视。《学记》中说：古之教者“一年视离经辨志，三年视敬业乐群，五年视博习亲师，七年视论学取友，谓之小成。九年知类通达，强立而不反，谓之大成。夫然后足以化民易俗，近者说服而远者怀之，此大学之道也”。所谓“离经辨志”，就是读断经书文句，明察圣贤志向。“大学之教”就是“时教必有正业，退息必有居学”，使人学有所乐，涵泳其中，最终学有所成，化民成俗。

古籍中所说的“艺”，有时也指一般的技艺。但是，相对于道艺而言，技艺属于“术”的层面，所以《礼记》中有“德成而上，艺成而下”的说法。这其实不是轻视技艺，而是讲要以道德为先，以道德作为引领。所谓“记问之学，不足以为人师”，其深层的意涵，就是讲要将学问融会贯通，融入内心。孔子说“君子不器”，是说人不能只懂得技能和技术，而没有正确的是非判断。但是，孔子又说“君子藏器于身”，强调人要有谋生的本领。

古之教者，教以人伦，使人明善恶、知是非、示训诫。中国古代经典关注“人”的教育，关心生命的成长，培养人中正无邪的品质，是以正确的信念与梦想指引生命的航向。

“孔子的叮咛”之六十五

拒绝平庸，让生命扎根

正像世间万物都有一定差别那样，人的德性能力也可以区分为不同的品类，人的认知境界也有高下参差。我们要做什么样的人？如何度过自己的一生？这看起来很平常的问题，其实联结着对生命意义的思考。如果到儒家典籍中向孔子寻求答案，他一定希望我们不要做平庸之人，而是努力活出人生的意义来。

孔子认为，人可以分为五类：庸人、士人、君子、贤人、圣人。所谓庸人，孔子的描述是：“心不存慎终之规，口不吐训格之言，不择贤以托其身，不力行以自定。见小暗大，而不知所务；从物如流，不知其所执。”无所遵循，口无遮拦，没有目标，做事浮躁，缺乏自我认知，不能踏踏实实，这就是平庸者的画像。

人要摆脱平庸，至少要像士人那样“心有所定，计有所守”，虽然未必多么博学多识，未必“尽道术之本”“备百善之美”，但一定自知自明，所以“有率”“有处”，知道自己在做什么、说什么，清楚自己要走向哪里。用孔子的话说，就是“知不务多，必审其所知；言不务多，必审其所谓；行不务多，必审其所由”。

人生在世，就要有更高追求。孔子本人从不以“圣人”自居，但在人们的心目中，孔子已经达到了圣贤境界，孔子弟子更认为孔子是当然的“圣人”。孔子自谦，常以“君子”自许，他心目中的君子一定“思虑通明”，而且“言必忠信而心不怨，仁义在身而色无伐”，“笃行信道，自强不息”。

由于个人的禀赋或主观努力不同，人的境界确有高下之别。孔子曾说：“唯上知与下愚不移。”知，同“智”。有学者说得清楚：“上知谓‘生而知之’，下愚谓‘困而不学’。”孔子说：“生而知之者，上也；学而知之者，次也；困而学之，又其次也；困而不学，民斯为下矣。”有人自觉明理正心，修己安人，有格局，有气象，像贤人那样“行中规绳”，像圣人那样“德合天地”；更多的人或见贤思齐，择善而从，自觉改过，或遇到困惑自求答案，提升自己；但也有人甘于沉沦，不思进取，这也就是“困而不学”，甚至不及“庸人”了。

孔子对这几类人的分析，实际是在给人们以启迪。孔子一贯主张因材施教，他说：“中人以上，可以语上也；中人以下，不可以语上也。”在他看来，道有高下，智有深浅。善导人者，应该因其材而笃之。中人以下，骤然用高深的道理去引导，不唯无益，反将有害。只有循序渐进，才可日达高明。正如朱熹所指出的："言教人者，当随其高下而告语之，则其言易入而无躐等之弊也。"

人贵自知，所谓"智者自知，仁者自爱"。孔子说"吾未见能见其过而内自讼者也"，发现过错，自责其过，已在"生而知之"的境界了。孔子及儒家注重修身，视自省为进德修业的功夫，强调"见不贤而内自省"，"君子敦于反己"。人要随时自察过失而严格责己。曾子就常检讨自己，日省其身，是我们学习的榜样。

如何自省修身？孔子说自己"好古，敏以求之"。他喜好古代文化，并勤勉以追求学习。有些平庸的人不爱学习，他们随波逐流，汲汲于衣食饱暖而已，这也不失为一种人生态度。然而，在这被动而功利的态度背后，是他们对精彩世界的无感与麻木，是对生命丰富内涵的自我隔离。孔子何以"学而不厌，诲人不倦"？孔子何以教人"志于道""游于艺""信而好古""敏而好学"？就是希望人们感知时空的漫长与辽阔，从中找寻到飘散着的高贵生命的信号。如果听从了孔子的叮咛，那么虽然自己人生经历有限，却仍可以感知历史的厚重和终极道义的高贵。

人要摆脱平庸，就要果决立志，尽早学习。时间像流水，

“逝者如斯夫，不舍昼夜”。孔子、曾子都曾鼓励年轻人秉持忠信，与善结缘，不惑不惧，矢志不移。人是否自甘平庸，往往在一念之间。限制内心的欲望，善德就会来集；如果放纵欲望，邪念则会乘虚而入。古人有言：“一念收敛，则万善来同；一念放恣，则百邪乘衅。”

人之好恶，受外物感召，毕竟“物之感人无穷”，人若“好恶无节于内”，不能反躬自省，就可能被外物所化，于是就“灭天理”而放纵人欲。因此，修道在己，人要从一言一行做起，居必择处，游必择方，收敛己心，生命才会牢牢扎根。

图书在版编目（CIP）数据

孔子的叮咛 / 杨朝明著 . —济南：山东友谊出版社，2019.9（2020.10 重印）

ISBN 978-7-5516-1954-7

Ⅰ . ①孔… Ⅱ . ①杨… Ⅲ . ①孔丘（前 551—前 479）—哲学思想—研究 Ⅳ . ① B222.25

中国版本图书馆 CIP 数据核字 (2019) 第 202635 号

孔子的叮咛

KONGZI DE DINGNING

责任编辑：张亚欣

装帧设计：刘洪强

主管单位：山东出版传媒股份有限公司

出版发行：山东友谊出版社

地址：济南市英雄山路 189 号　邮政编码：250002

电话：出版管理部（0531）82098756

市场营销部（0531）82098035（传真）

网址：www.sdyouyi.com.cn

印　　刷：山东省东营市新华印刷厂

开本：889mm × 1194mm　1/32

印张：8.375　　字数：150 千字

版次：2019 年 10 月第 1 版　印次：2020 年 10 月第 2 次印刷

定价：28.00 元